每天5分鐘

Kankoro 著 林以庭 譯

化煩惱為幸福的筆記術

悩みを幸せに変える
my letter ノート

前言

至今為止，你曾經因為什麼樣的事而煩惱、迷惘，甚至流淚呢？
究竟是什麼一直在折磨你呢？

看不見的東西

可能不是戀人，不是同事，也不是錢的問題，而是存在於你內心某種「看不見的東西」。

比方說，遇到約會被臨時取消或是另一半不回訊息，就按捺不住自己的情緒，情不自禁傳了自暴自棄的訊息：「反正你一點都不在乎我。算了，我們分手吧！」

這就是習慣以負面角度接收對方的言行舉止，並過度解讀，進而採取與心情背道而馳的行為（我自己在這方面也屢屢犯錯）。

但，請你試著想像一下。

如果你最好的朋友也打算做出同樣的事呢？

「咦？不致於這樣就要分手吧？起碼先聽聽看他怎麼解釋。」

你肯定會這樣勸說吧？

其實，只要冷靜想想就會明白，對方可能真的有急事，臨時取消也不等於不在乎。

但不曉得為什麼，一旦發生在自己身上，就突然想不通這個道理了。

這是因為我們是會被「情感」和「思考」這種「無形的東西」所擺布的人類。

當我為某些事情煩惱時，總是會這麼想：

「如果能把自己的腦袋掏出來該有多好。」

「要是有另一個我能照看自己就好了。」

這麼一來，我就不會感到焦慮或痛苦了。

寫作將內心可視化

其實，「自我對話筆記」就能夠實現這些心願。

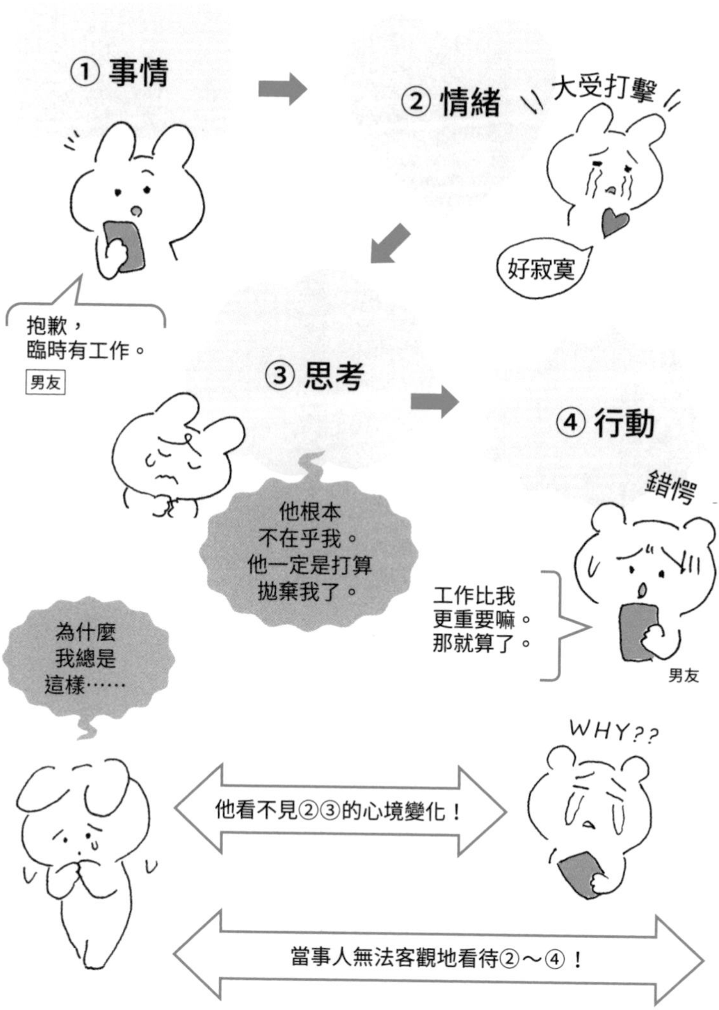
① 事情
② 情緒
大受打擊
好寂寞
抱歉，
臨時有工作。
男友
③ 思考
他根本
不在乎我。
他一定是打算
拋棄我了。
④ 行動
錯愕
工作比我
更重要嘛。
那就算了。
男友
為什麼
我總是
這樣……
WHY??
他看不見②③的心境變化！
當事人無法客觀地看待②～④！

這是我構思的一種與自己對話的工具，先讓我先聊聊它的創造過程。

在過去十年裡，我一直在寫部落格，每天從不間斷。

無論是沮喪的日子、悲傷的日子、因什麼都寫不出來而苦惱的日子……不論發生什麼事，我都沒有放棄寫部落格。

現在回想起來，這就是一封「寫給自己的信」吧。

「今天一整天也辛苦囉♪」

「我是這麼認為的，妳怎麼看呢？」

哪怕是為讀者而寫的文章，也總是有「我」。

這個「我」，不同於寫下文章的「我」，而是另一個「自己」。

一想到她會讀我寫的內容，我心裡就會想：「啊，我不是一個人呢。」在我沮喪低落或想全力以赴的時候，看自己的部落格也會讓我受到鼓舞。

就好像是一種把自己當作「一個個體」看待的儀式。

這麼說或許是結果論，但我能夠像現在這樣出版第三本書，有超過三千人參加我的講座和活動，成立一間公司，遇見相當支持我的溫柔對象並和他結婚……這一切都是因為我透過部落格和筆記本持續地「與自己對話」。

因為我把自己視為「一個個體」，一直很珍惜地對待自己，所以才能夠遇見這麼多幸福的事。

而「寫作」也是一種「可視化」自己內心世界的行為。

在寫部落格的時候，我會寫下「發生了某件事，引發了某種心情，產生了某種想法，進而採取了某種行動」，也會在筆記本上寫下日記、煩惱和願望，寫著寫著，我突然明白了一件事。

就算是負面的事也不用隱瞞，只要用文字寫下來，就會產生「我也是滿努力的嘛」的想法。

然後，就能明白心裡真正想要選擇的道路：「我其實想這麼做。」「可視化」現在發生在自己身上的事、自己的感受、想法和行為，前進的道路就會像魔法一樣出現在眼前，世界也會跟著改變。

煩惱也可以變成幸福

好好地對待自己，與自己對話，將自己的感受和想法寫在筆記本上。這麼一來，「煩惱」就不再是問題，而能轉變成「幸福」。

經歷了十年的筆記人生，我對此深信不疑。這也是為什麼我希望每個人都能享受這種體驗的原因！出於這樣的想法，而誕生了「自我對話筆記」。

在這本書中，我將根據自己的經驗，透過插圖和圖解，以淺顯易懂的方式解釋「如何整頓心態」。

然後，透過書中的五個練習來養成寫筆記的習慣。

雖然說是練習，但其實非常簡單，每天睡前花個五分鐘就能完成。只要一本筆記本就能做到，不需額外開銷。

真的只要這樣就好了嗎？沒有錯！

即便每天只有五分鐘的時間，只要能與自己對話，心情就會變得很輕鬆。因為這些練習的目的就是要原諒並認同「難過而痛哭的自己」、「迷惘而煎熬的自己」、「犯錯而絕望的自己」。

文字是魔法

那些因為苦惱而無法向前看的人。
那些為自己犯下的錯誤而自責不已的人。
那些無法從痛苦中解脫而哭泣的人。

文字是一種魔法。

如果你正在為事事不順遂而煩惱，也許只是因為你沒有好好運用「文字」這個流傳至今的魔法而已。
要不要就從今天開始，試著施展文字的魔法來改變現實世界呢？
希望能讓現在拿著這本書的你，心情輕鬆一點。

Kankoro

Kankoro 的「自我對話筆記」

從這些手寫的紙張中，誕生了自我對話的書寫方式。

本書介紹的五個練習中，最重要的就是這個「化煩惱為幸福的自我對話筆記」。

書寫方式的詳細說明請參閱第 205 頁

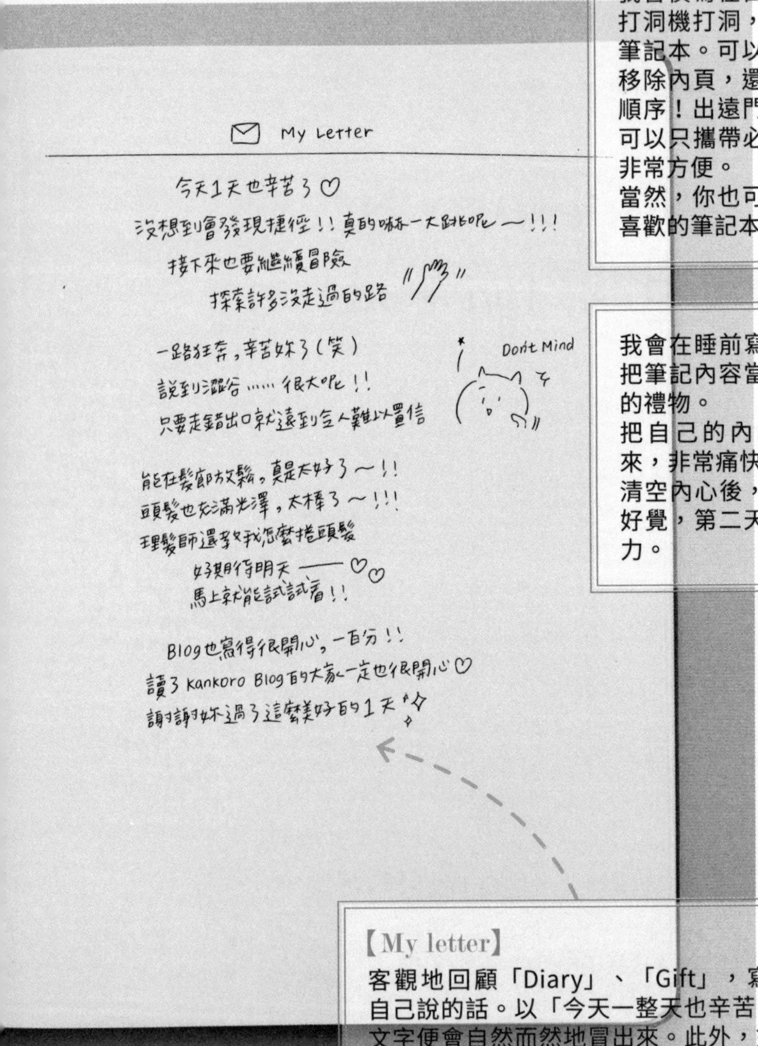
My Letter
今天1天也辛苦了♡
沒想到會發現捷徑!!真的嚇一大跳吧~!!!
接下來也要繼續冒險
探索許多沒走過的路
一路狂奔，辛苦妳了(笑)
說到澀谷……很大吧!!
只要走錯出口就遠到令人難以置信
Don't Mind
能在髮廊放鬆，真是太好了~!!
頭髮也充滿光澤，太棒了~!!!
理髮師還教我怎麼捲頭髮
好期待明天——♡♡
馬上就能試試看!!
Blog也寫得很開心，一百分!!
讀了kankoro Blog的大家一定也很開心♡
謝謝妳過了這麼美好的1天

我習慣寫在白紙上，再用打洞機打洞，組裝成活頁筆記本。可以自由加入或移除內頁，還能隨意更換順序！出遠門的時候，也可以只攜帶必要的部分，非常方便。
當然，你也可以使用自己喜歡的筆記本。

我會在睡前寫個五分鐘，把筆記內容當作送給自己的禮物。
把自己的內心想法寫出來，非常痛快！
清空內心後，就可以睡個好覺，第二天早上充滿活力。

【My letter】

客觀地回顧「Diary」、「Gift」，寫下你想對自己說的話。以「今天一整天也辛苦了」開頭，文字便會自然而然地冒出來。此外，如果最後用「謝謝你帶來美好的一天」來收尾的話，心情就會溫暖起來。
有歡笑，也有淚水……你就是自己人生的主角，為自己加油打氣吧！

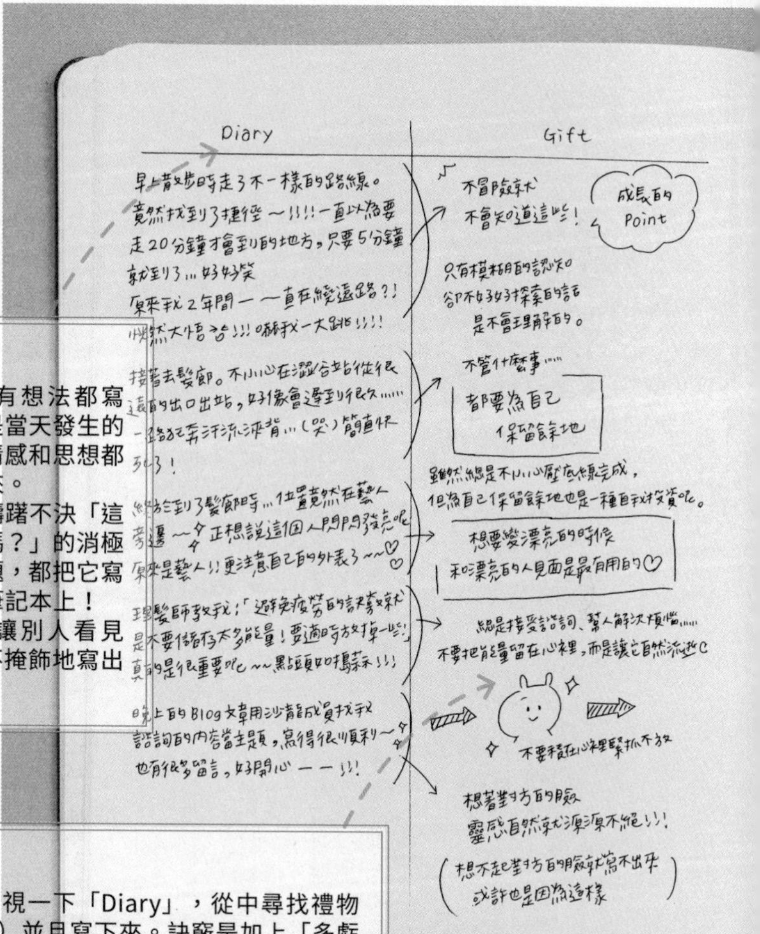
Diary
Gift
早上散步時走了不一樣的路線。
竟然找到了捷徑～!!!!一直以為要
走20分鐘才會到的地方，只要5分鐘
就到了…好好笑
原來我2年間一一直在繞遠路?!
恍然大悟啊!!!嚇我一大跳!!!!
不冒險就
不會知道這些!
成長的
Point
只有模糊的認知
卻不好好探索的話
是不會理解的。
接著去髮廊。不小心在聯合站從很
遠的出口出站，好像會遲到很久……
一路狂奔汗流浹背…(哭)簡直快
死了!
不管什麼事……
都要為自己
保留餘地
雖然總是不小心壓底線完成，
但為自己保留餘地也是一種自我投資呢。
終於到了髮廊時…位置竟然在藝人
旁邊～正想說這個人閃閃發亮呢
原來是藝人!!更注意自己的外表了～～
想要變漂亮的時候
和漂亮的人見面是最有用的
理髮師教我：「避免疲勞的訣竅就
是不要儲存太多能量！要適時放掉一些！」
真的是很重要呢～～點頭如搗蒜!!!
總是接受諮詢、幫人解決煩惱……
不要把能量留在心裡，而是讓它自然流逝
晚上的Blog文章用沙龍成員找我
諮詢的內容當主題，寫得很順利～
也有很多留言，好開心——!!!
不要積在心裡緊抓不放
想著對方的臉
靈感自然就源源不絕!!!
(想不起對方的臉就寫不出來
或許也是因為這樣)

【Diary】

把心裡的所有想法都寫出來。不光是當天發生的事，還要把情感和思想都一併抽取出來。
包括會讓你躊躇不決「這麼寫真的好嗎？」的消極發言也沒問題，都把它寫在自我對話筆記本上！
把那些不能讓別人看見的內容，毫不掩飾地寫出來吧。

【Gift】

冷靜地重新審視一下「Diary」，從中尋找禮物（心得和收穫）並且寫下來。訣竅是加上「多虧了○○」這句話。如果想著「都是○○害的」就會找不到禮物，所以要特別留意。
無法找到禮物的時候，留白也 OK！幾年後，你可能會發現：「原來還有這樣的涵義啊」。最重要的是，光是想著「這件事一定有它的意義」，心情就會變得更加輕鬆。

目次

CHAPTER ②

不被「情緒」牽著鼻子走的筆記術

CHAPTER ③

用文字來整理「思考」

CHAPTER ④

把煩惱寫在筆記本上「可視化」

CHAPTER ⑤

活在「自我軸心」上的筆記術

CHAPTER 1

提高「自我肯定感」的筆記術

Self-Affirmation

寫在筆記本上
就能提升自我肯定感

「寫在筆記本上」是一種了解自我的方法。

書寫，能讓我們意識到許多沉睡在自己內心的「重要的事」。

首先，請在筆記本的第一頁寫下這樣的內容：

筆記本上要寫什麼？

①舉出五個會讓你覺得「喜歡」、「好厲害」、「超羨慕」的人，例如：男友、上司、喜歡的藝人、有錢的前輩、結婚後過得很幸福的朋友等等。

②試著幫以上五位人選排名，也想想自己將會在其中的哪個位置？把想法寫在筆記本上吧。

你把自己排在第幾位呢？我想，應該沒有人會把自己排在第一吧。但其實，你和他們的價值是一樣的！

這時你心裡是不是在想：「咦～那個長得很漂亮、粉絲很多、又有錢，還有個帥老公的人，怎麼可能會跟我是一樣的！」

事實上，即使是超級名人、父母、老師，甚至是某個國家的元首、歷史上的偉人，每個人的「生命價值」和你都是一樣的。既會受傷，也會生病。每個人都是平等的，「生命價值」本身並不會因為頭銜、收入、外貌或成就而改變。

正因為沒有意識到這一點，所以很多人才會不斷刁難自己，認為自己「不如別人」、「是個沒有價值的人」。

但這些不過都只是想太多而已。在剛

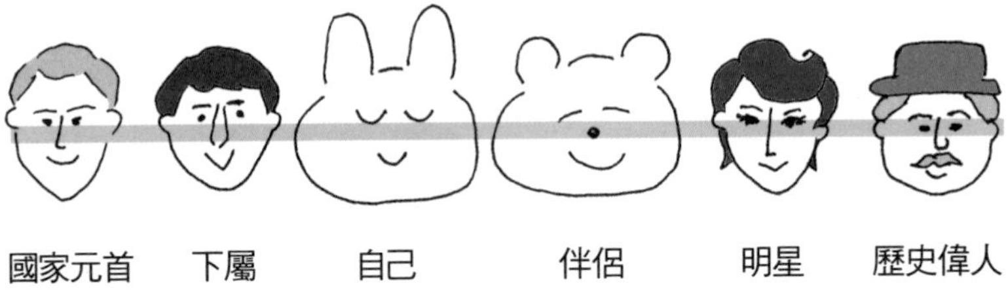

生命的價值，人人平等

才的排名旁，寫上這句話吧！

「我和我喜歡的人們，擁有同樣的價值。」

光是意識到這一點，自我肯定感就會自然而然地上升，為你的人生帶來巨大的變化。

一個人的價值，不會因為「事情」而改變

為什麼人們會低估自己的生命價值呢？這是因為我們習慣將自己的價值和「失敗體驗」連結。

比方說：「求職失敗，這個世界不需要我這樣的人」、「被喜歡的人甩了，我的人生毫無價值」、「在工作上，我的評價比晚輩還低，待不下去了」

你有沒有這麼想過呢？

若這麼想，就大錯特錯了！找不到工作或被甩並不代表失敗，就好比在部門裡取得最耀眼的成績也不表示那人就很了不起。「發生的事情」或「周圍的評價」，和「一個人的價值」毫無關係。

沒必要與他人相比，甚至自我貶低，也沒必要為了不被討厭而壓抑自己，更沒必要一再責備失敗的自己。

不管發生什麼事，不管別人怎麼說，你的「生命價值」打從出生的那一刻開始，就一直都是一百分。

生命價值不會因為頭銜或發生的事情而改變

認知到每個人都是「個體」

或許有些人能理解這樣的道理，卻還是不認為自己有任何價值。

這可能是因為你還沒有認知到自己是「一個人」。

你心裡是不是在想：「我當然是人啊」？然而，「沒有把自己當人對待」的人卻出奇的多。

那是因為「自己」和「自我」融為一體了。雖然你可以透過鏡子確認自己的存在，但卻無法用肉眼看見自我。你甚至不能像對待別人那樣觸碰它。這就是為什麼認知到自己是「人」是這麼困難的一件事。

例如，有人在被朋友稱讚「很可愛」時，會回答「沒有啦，我很醜的。」這是因為他並沒有把自己視為「一個人」來看待。

我能理解內心感到高興又想表現得謙虛的心情，但如果你認知到自己是一個「個體」，就不會說出這樣的話。這就像是對著別人說「你這個醜八怪」一樣。

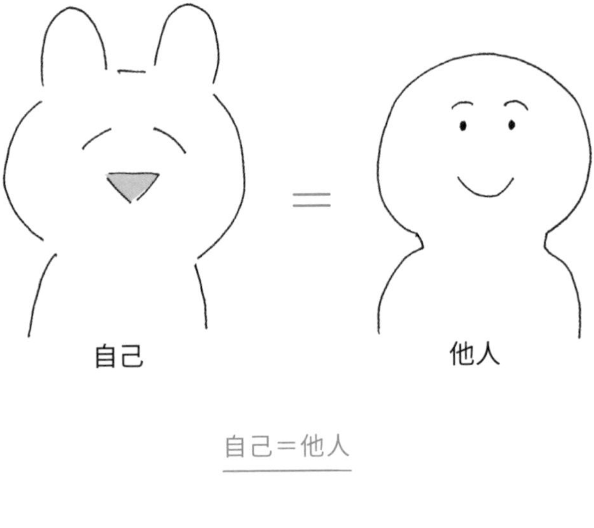

自己＝他人

認知到自己是「個體」的筆記術

如何學習認知到自己是一個「個體」？你可以透過自我對話筆記，把「融為一體的自我」給切分開來。

筆記本上要寫什麼？

當腦海中浮現出責備或貶低自己的話語時，把「我」換成「你」之後，再寫下來。

比方說，當你浮現「全都是我的錯」、「我的人生完蛋了」、「這世上沒有我比較好」的念頭時，請在筆記本上寫下如：「全都是你的錯」、「你的人生完蛋了」、「這世上沒有你比較好」等。

看到這些，你應該會感到很震驚：「哇，這話也太不客氣了吧！」

當你實際寫在筆記本上就會發現，那些連你都難以對他人說出口的過分言論，竟然可以毫不在乎地對自己說出來。

如果把「我」換成「你」的話……

無法對別人做的事，也不要對自己做

如果旁邊的同事看起來很不舒服的樣子，我相信你會告訴他：「今天就先回去吧。」然後一手包攬未完成的工作。

那麼，當自己很難受的時候，你會怎麼做呢？也會用同樣的方式對待自己嗎？

「雖然我發燒了，但不想給周圍的人添麻煩。再撐一下沒關係的，加班把工作處理完吧！」這麼想的你，最好要小心這種工作狂心態。這就像是在對同事說：「發燒沒什麼大不了的，你就加點班把工作做完吧。」

看到這裡，希望你能好好記住以下兩件事：

①無法對別人說的話，也不要這樣對自己說

②無法對別人做的事，也不要這樣對自己做

我們都要下定決心，認知到自己是很重要的「個體」。不草率對待別人，也不要草率對待自己！

不要因為感冒就休息！
雖然發高燒了，但我得盡力而為。
咳
＝

對自己過度嚴厲

用心對待自己的筆記術

請記得，自己也是應該被用心對待的一個「個體」。

雖然頭腦可以理解這個道理，但要實際採取行動還是很困難的。我自己也是這樣，必須花上好一段時間才能發自內心珍惜自己。

想要用心對待自己，就要好好面對自己，傾聽內心的聲音，這時候，就輪到自我對話筆記出場了。

筆記本上要寫什麼？

①想責怪自己時，就把心裡的想法通通寫到筆記本上。

②試想，如果你的好友說了和①一樣的話，寫下你會和對方說什麼。

在②寫下的內容，就是你希望某個人能對你說的話。透過筆記本，就能將這些話說給自己聽。

像這樣反覆和自己對話之後，你就會漸漸喜歡自己，並且想要好好珍惜。

對自己溫柔以待

是自己的「偏見」打造了自己的世界

那麼，為什麼用心對待自己如此重要呢？

請試著想像一下。在口渴的你的面前有兩瓶水，一瓶寫著「好喝的水」，另一瓶寫著「馬桶水」。

你會拿起哪一瓶呢？

我想應該不會有人選「馬桶水」吧。不管怎麼解釋「兩瓶裝的都是一樣的水」也不會有人願意喝，就算勉強喝下肚了，也不會覺得「好喝」。

一旦認為「噁心」、「難喝」，造成的印象和實際味道也會發生變化。我們的大腦是很容易被欺騙的。

換句話說，**我們人類會透過「偏見」來改變自己所看到的世界。**

而別人對你的印象也和水瓶上的標籤一樣。

如果你幫自己貼上「受人喜愛」的標

兩邊是同樣的水

籤，這樣的現實就會到來。壞心眼的人會離開，相對的，善良的人、快樂的事、金錢財富也會自己上門來。

也就是說，如果你執意認為自己「一文不值」，然後再給自己貼上「沒人愛」的標籤，可能就會發生完全相反的情況。

這是因為**人類會無意識地認為自己的偏見=自我形象，進而採取符合形象的行動**。

無論好壞，自己的形象都會傳達給周圍的人，而周圍的人也會以相對應的方式對待你。

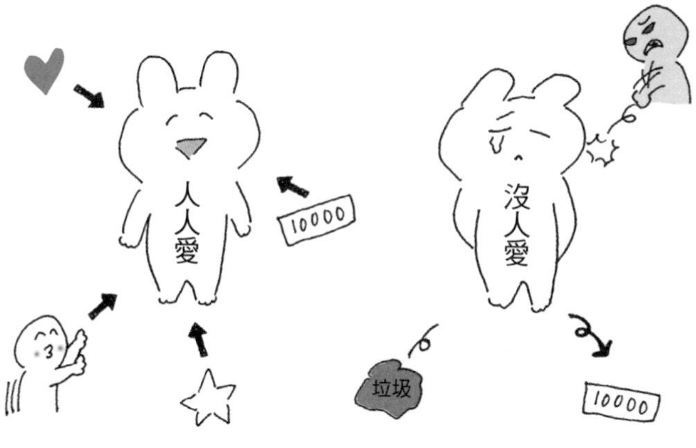

是自我形象塑造了你

沒有錯，你的現實世界是根據你的「自我形象」所建構而成的。

如果是這樣，認為自己是「被愛的人」或「所有人重視的對象」，絕對比較好吧。

你就是個天生的能量點

我經常告訴大家：「每個人都是天生的能量點。」因為每個人都有一個與生俱來的優秀天賦，那就是「只要自己快樂，就能讓別人快樂」。

如果你看起來很快樂，周圍的人就會覺得「和這個人待在一起好像會變得更有精神」、「感覺很自在」而願意親近你。不需要特別修行，你天生就是一個「行走的能量點」。

所以，如果你能把自己視為一個能量點好好對待，讓自己充滿快樂的正能量，那麼，珍惜你的人和好事就會自然而然造訪。

相反的，如果隨便對待自己，讓自己充滿不快樂的負能量，就會更容易招來討厭的人和壞事。

我們都擁有一種力量，會吸引接近自身能量的東西，無論是好是壞。

「充滿幸福的世界」和「充滿不幸的世界」。

你想住在哪裡呢？

改變對自己的印象，現實也會明顯產生變化。**這一切都取決於「你」的決定！**

當成垃圾桶

當成能量點

你的決定改變你的世界

給予別人之前，先填滿自己的心

「為什麼我認真工作，卻得不到上司的賞識？」、「我為他付出這麼多，他卻一點都不重視我。」

時常有人向我傾訴類似的煩惱。都這麼努力了，到底為什麼得不到任何回報呢？

其實，你之所以會覺得「不順遂」、「缺愛」，是因為自己的內心沒有得到滿足。

當你的心沒有餘裕時，就無法跟他人分享。就像你發高燒臥病在床時，無法照顧其他病人一樣。

問問自己，你的內心現在滿足嗎？是不是已經乾涸了呢？

肉眼是看不見心的，因此，心靈可能會在不知不覺中變得脆弱。

而正如佛陀的教誨所言：「心會不斷地渴求」。人心是非常細膩的，如果不定期滋養，很快就會枯竭衰弱。

當內心脆弱時，就容易引發人際關係的衝突。

你現在的滿足感
有幾％呢？
20%

人心會不斷渴求

比如說，覺得寂寞的時候，會傳LINE給男友希望對方陪伴自己吧？

如果對方遲遲沒有回覆，不免就會開始焦慮，甚至會傳「為什麼不回訊息？你是不是根本就不在乎我？」之類的訊息給對方。

對此，男友可能會說：「有時剛好在忙，你這樣我很有壓力。」接著，對方便開始保持距離，反而讓自己更沮喪，導致隔天無法專心工作，頻頻犯錯……往往會發生這樣的惡性循環。

像這樣用男友來填補寂寞的做法，只是把對方當成一種發洩鬱悶的「工

① 壓力過大
回LINE啊！
② 想控制他人
呃……我在工作……
錯愕
③ 被對方閃躲
為什麼!!
④ 壓力變得更大
再見
噠噠噠……

惡性循環

具」而已。

想利用對方，反而會讓對方開始閃躲，這樣的打擊會使你積累更多壓力，所有事情都開始變得不順遂。

你是不是因為被說中而大吃一驚呢？

不求回報，以「關懷取向」對待他人

我將人類的行為基準劃分成兩種類型：「關懷取向」和「利益取向」。

【關懷取向】……出於本人意願／不求回報。

【利益取向】……交易／尋求回報。

比方說，像是送禮物給喜歡的人。在「關懷取向」的情況下，想到「他應該會喜歡」，而出於自己的意願送禮。如果對方收到後表示很開心，光是這樣，就能讓你感到幸福。

相反的，在「利益取向」的情況下，想的是「送了這個，他應該會對我好一點吧」，是以「交易」作為行為的基礎。如果對方的反應不如自己預期，就會反過來怨恨對方或內心深深受到傷害。

這樣的心情也會傳達給對方（哪怕自己是無意識的）。以「利益取向」的

基於愛
(快樂滿滿模式)
送禮物
基於利益
(空蕩蕩模式)
謝謝
這個給你
希望有回禮

對方的反應會根據你的心態而變化

心態採取行動之所以會遭到疏遠，是因為對方察覺到「好像在利用我」的交易心態。

「關懷取向」和「利益取向」，究竟應該要以什麼心態採取行動，我想大家都能明白了吧。

不管是戀愛還是工作，以「眼前的利益＝回報」的交易態度進行是很危險的。

我們的目標是要從「關懷取向」的關係中，孕育出長久的發展！

關懷他人吧

為了實現這一點，首先要做的第一件事就是充實自己。
向自己傾注愛，讓內心充滿快樂。之後再施予別人就可以了。

筆記本上要寫什麼？

寫下「被這麼說了而很開心的話」和「如果被別人這麼說會很開心的話」。

「珍惜自己」和「過度保護自己」是不一樣的

如前所述，想要以「關懷取向」生活，「珍惜自己」是先決條件。

但，必須要注意一件事！

那就是「珍惜自己」和「過度保護自己」是不一樣的。

事實上，很多人都誤解了這一點。

例如，有些人會說：「自從被狠狠地甩了以後，就再也談不了戀愛。」

這樣想的人是不是斷定「失敗＝壞事」，而過度保護自己了呢？

因為害怕再次被甩，從此不再喜歡上任何人。只要不談戀愛就不會受傷。

過於害怕失敗，逃避新的挑戰……你對自己做的事，就像知道了小孩在公園裡玩耍時受傷之後，叫孩子「再也不准去公園」的父母一樣。

避免受傷確實很重要，但因為這樣就剝奪孩子玩樂的自由，真的太過度保護了。

過度保護的父母

完全不讓孩子經歷任何失敗，並不是真正的溫柔。

如果孩子受傷了，就給他一個擁抱。留意並看著避免他受傷，告訴他下次要小心。即使不禁止他去公園，也還有很多保護的方法。

小孩子也會從失敗中記取教訓：「受傷很痛，所以以後跑步要小心。」這樣才會持續成長。

就算以前的戀情不順利，也能從中學到很多東西。

「下次找一個更珍惜我的人吧」、

守護小孩成長的父母

「不喜歡的事就要說出口」等等，把這些經歷過才明白的道理運用到下一段關係就好了。

失敗的時候，不要放棄挑戰，不過，可以透過自我對話筆記本，先鼓勵一下努力到這一步的自己吧！

筆記本上要寫什麼？

① 寫下因為失敗而感到難受的經歷。

② 寫封信給當時的自己。

偶爾也別忘了可以「逃避」

話雖如此，不斷地嘗試也有可能傷害到心靈，如果你是習慣拚盡全力的人，尤其要特別注意。

沒必要堅持對抗到底，而拚命到受傷、疲憊、心力交瘁的地步。

這種時候，「逃避」也是一個不錯的選擇。

你可以逃避，要是很苦惱的話，也可以先看看情況。如果一個人做不到，也可以找人傾訴，尋求幫助。

如果你有個總是人身攻擊的上司或不斷家暴的男友，千萬不要默默忍受。

逃避也是一個不錯的選擇

一旦心死了，身體也會死。如果你消失了，你的世界也就不復存在。最重要的是「維持生命」，也就是保持身心健康。

當你感覺快要崩潰的時候，請記住，你還有其他的選擇。

WORK ①
提升自我肯定感的自我對話筆記

想要提高自我肯定感，必須認知到自己是「一個個體」並珍惜自己。

先從和「今天的自己」進行對話開始吧。

上午、下午、晚上，你做了些什麼？從被窩裡起床、搭車、洗澡，這些都是容易被忽視的小事，光是今天一天，你就做了數不清的「行動」。請意識到自己很努力地行動，向自己說一些慰勞的話吧。訣竅是把標準降低到對待小孩子的程度。

WORK 1

（請參考左頁寫下文字）

① 你今天上午做了什麼？

② 你今天下午做了什麼？

③ 你今天晚上做了什麼？

④ 寫一封慰勞自己的信吧！

寫作範例

像日記一樣，寫下你在上午、
下午和晚上做的事情吧！

WORK 1

① 你今天上午做了什麼？

起床了！我洗了臉。做了保養。還刷了牙。
早上散步走了2km——寫了一篇Blog文章。
回了3封電子郵件。喝了牛奶。按下了洗衣機
開關洗衣服。

② 你今天下午做了什麼？

吃了飯。曬了衣服。又寫了一篇Blog文章。
修要發IG的照片（重新修了5張 😊）
看了牙醫。跑了步。去銀行匯款。

③ 你今天晚上做了什麼？

在IG發文。發了3則推特。吃了飯。
幫飲水機加水（好重！）洗了澡。
做了保養。檢查書的照片。

④ 寫一封慰勞自己的信吧！

今天一整天也辛苦了！有早起+散步，很棒✧✧
塑造好身材！身體也很高興♡更新很多
SNS的內容，太優秀了～！大家一定也很
高興！匯款和看牙醫這些事情都辦完了，
太厲害了～✧今天就好好休息吧♡
謝謝妳度過了美好的一天！！

從①～③中選出大約三個行動，向自己說些慰勞的話。
要像媽媽在誇獎孩子一樣溫柔！

無論得到什麼，失去什麼，
你就是你。
什麼也不會改變。

•••● 來自作者 *Kankoro* 的加油 ●•••

CHAPTER 2

不被「情緒」牽著鼻子走的筆記術

Emotion

「情緒」＝當下的「反應」

這一章的主題是「情緒」。

明明剛剛才和朋友有說有笑的，但只剩下自己一人獨處時就很低落；如果感覺另一半愛理不理的，就會很容易焦慮，做出一堆失控行為……「好討厭情緒不穩定的自己！」你也有過這樣的煩惱嗎？

不瞞大家說，我也是其中之一。當書稿和講座等各種截止日撞在一起，而被搞得心力交瘁的時候，我也會忍不住哭著說：「我果然做不到！」沒過多久，突然收到一筆臨時收入，這時又開心地手舞足蹈。去看電影時哭得一把鼻涕、一把眼淚的，之後肚子痛到整個人蜷縮成一團，收到雜誌採訪的邀約時又高興得要命……。

連自己說出來都想笑，但上述這些事全部發生在同一天，看起來我還真是個情緒很不穩定的人呢（笑）。

雖然在我身邊目睹一切的丈夫總是說：「妳的感情真豐富，好讓人羨慕。」但我卻感覺自己老是被情緒牽著鼻子走。

即便如此，我也不會責備自己。

容易被情緒左右

因為，情緒像天氣一樣變來變去是很正常的！

煩惱這些自然反應也無濟於事

說到底，情緒究竟是什麼呢？

情緒就是「反應」。就像碰到熱水會覺得「好燙！」一樣。

情緒是在事情發生的瞬間產生的，不存在於過去或未來，只存在於「現在」。

此外，情緒是自然發生的，誠實且不虛假，本身並沒有「好」或「壞」的概念。

所以，煩惱著「我當時為什麼會那麼難過呢？」也是無濟於事的。這就好像納悶「為什麼會覺得熱水很燙呢？」是同樣的道理。

重要的是不否定任何情緒，而是去接受。說是這麼說，但老是被情緒牽著鼻子走還是很累的。

本章將介紹如何透過自我對話筆記本，來妥善處理自己的「情緒」。

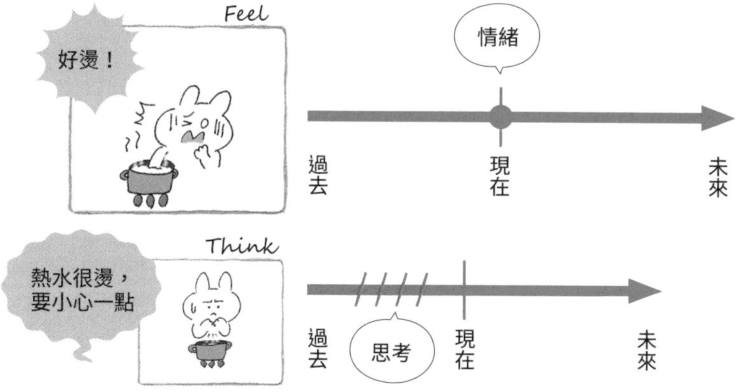

「情緒」＝當下的「反應」

「快樂」和「悲傷」兩者兼具更健康

沒有人喜歡老是哭喪著臉或垂頭喪氣吧，如果可以的話，我也想要永遠都開開心心的。每個人應該也都這麼想吧？但我們不是機器人，而是活生生的人類，有喜怒哀樂是很正常的。倒不如說，這樣反而更健全。

就像日月、晝夜、冬夏、動靜等，天地萬物都有「陰」和「陽」之分，是這些不同讓彼此相輔相成。

既然有陰有陽是理所當然的（正因為有陰，才有陽的存在），但「陰」往往被視為負面，讓人敬而遠之。

想像一下，如果我們身處在一個只有「陽」的世界，那會如何呢？

在一個天天陽光明媚、沒有黑夜、永遠都是夏天的小島上，農作物生長得很好，人們的心境可能也一片光明。然而，這樣的情況如果持續幾個月，就會開始陷入缺水狀態，最終讓所有生物走向滅亡。

情緒也是一樣的。如果就連傷心的時候都還要強顏歡笑，心就會逐漸麻痺，結果越來越搞不懂什麼是高興，什麼是難過。

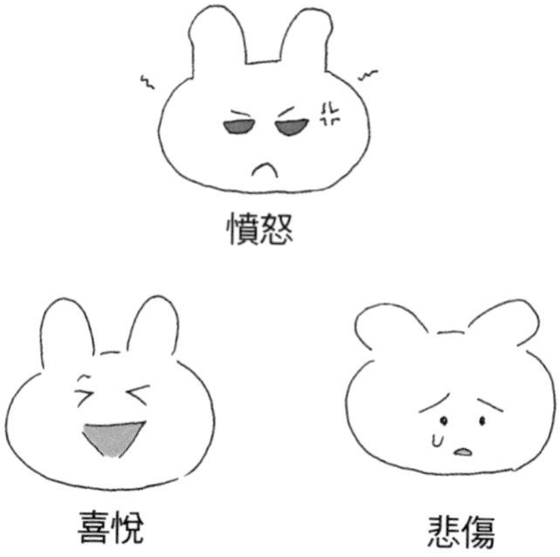

喜怒哀樂都很好

「憤怒」和「悲傷」這些情感雖然給人負面感，但也正因為有這些情緒，我們才能保持心理健康。

幾年前奶奶去世的時候，我因為太過傷心，而在葬禮上哭個不停。那是因為我意識到，原來她對我是這麼重要的人。

內心如此動搖，就代表對方對我來說有多珍貴。能夠為某個人感到悲傷或生氣，是一件很棒的事。

正因為我們有「悲傷」的情感，所以才能去珍惜、重視他人。

因為會悲傷才能夠愛人

情緒就像「顏料」

情緒就像顏料一樣。我是這麼認為的。

如果要你把顏料擠在「名為心的調色盤」上，畫出一幅「名為人生的畫」，你會怎麼做？

如果只用一種明亮的白色，畫出來的圖畫肯定會很無趣。當你有了藍色、黑色和紅色等各種顏色時，才能拓展表現的範圍。

沒錯，擁有豐富情感的你，能夠描繪出非常具魅力的作品。

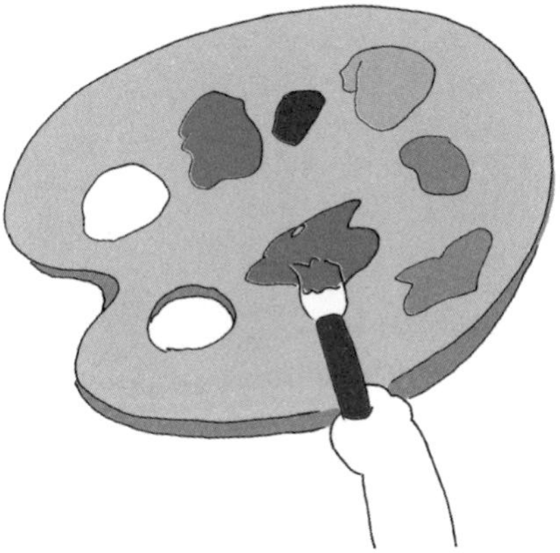

情緒就像顏料

情感豐富，意味著你能夠理解他人的感受。

所以，情緒不穩定也沒關係。理解各種情緒的你可以拯救很多人，而感性的你，也會受到人們的喜愛。

忽視負面情緒會破壞人際關係

如果你壓抑了「悲傷」、「痛苦」、「煩躁」等負面情緒，它們就會在你的體內漸漸堆積、腐爛。

當這些情緒的腐敗氣味開始飄散，周圍的人可能會感覺到「那人總是繃緊神經，還是不要靠近好了。」進而跟你保持距離。

被他人疏離又會令人更加煩躁，最後便容易因為瑣碎的小事而爆發，形成惡性循環（在捷運上被人撞到肩膀就發飆、在網路上誹謗中傷他人等都是典型的例子），或是遷怒朋友或家人，傷害你所愛的人。

此外，它甚至有可能在你的體內爆炸。腐敗的負面情緒也會以身體的症狀出現，像是感到不舒服、膚況變差、經期不順等等。

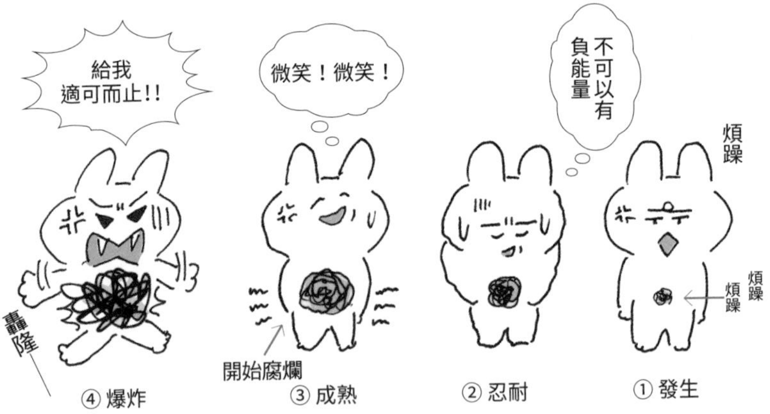

忍耐是 NG 的行為

把負面情緒寫在筆記本上發洩掉！

那麼，當負面情緒產生的時候，該怎麼辦呢？

筆記本上要寫什麼？

把現在腦中想的，原封不動地寫下來。

首先，第一件事就是排解負面情緒。無論是多麼難聽的字眼、多麼負面的內容都沒問題。筆記內容不是要給任何人看的，所以大可以放心寫出所有想法。

就像上廁所一樣普通，每當產生負面的情緒時，只要寫下來排泄掉就可以了！（笑）

我之所以可以持續更新部落格和社群媒體，也是因為我有好好發洩出來。自我對話筆記本接收了我的負面情緒。如果害怕被別人看到內心的想法，你也可以寫在紙上再撕碎。

在積累之前一吐為快

看不清內心時，就觀察「身體」

有些人可能無法很精確地表達出自己的感受。例如，總覺得心情很沉重，但卻不知道為什麼會這樣。

如果一直忽視自己的負面情緒，最後連和自己有關的事，也會搞不清楚。

這種時候，請觀察一下比較容易理解的「體感」。比方說，被甩的時候，你的身體有著什麼樣的感覺呢？

應該會出現各種跡象吧，毫無幹勁、臉色蒼白、躺在床上起不來等等。這時候，你可以清楚意識到自己的感受：「啊，原來我被甩了會這麼傷心。」

如果把這些事直接寫到自我對話筆記本上，就不會累積負面情緒，也不會失控爆發了。

不侷限於悲傷的時候，平時就要多多觀察自己的各種情緒。

那麼，你便能越來越了解自己，像是「肩膀開始痠痛，應該是工作太拚命了。」或「我居然在傻笑，原來跟他

情況		情緒		感覺
和喜歡的人在一起時	⇨	快樂	⇨	雀躍
中彩券時	⇨	好耶！	⇨	笑容滿面
加班加不完時	⇨	累死了	⇨	肩膀很僵硬

要看這裡！

觀察看看身體的感覺

聊LINE這麼開心。」等等。等習慣之後，一旦有事件發生，就可以敏銳地察覺到自己的變化！

避免被情緒左右的「待辦事項清單」

在此向大家介紹一個不被情緒牽著鼻子走的方法。

當你感到焦慮或沮喪時，腦海裡總不斷盤旋著同一件事，對吧？和朋友吵架後，半夜一直在看對話記錄，煩惱著該怎麼辦才好。

那是因為你「不知道該做什麼」。

換句話說，這種時候只要「有事做」就可以放心了！

筆記本上要寫什麼？

①制定一份「待辦事項清單」，避免持續陷在負面情緒之中。

②寫下採取行動後的感想。

這些「待辦事項」，最好是散步或健身這種會「用到身體」的事。例如，「走到外面的時候，發現天空很美。」原本狹窄的視野，也會隨著你的行動而寬廣起來。

甚至有可能因為「那個人的運動服好可愛～我也開始跑步好了。」這樣的

- ☐ 健身
- ☐ 散步
- ☐ 深呼吸
- ☐ 做料理
- ☐ 唱卡拉 OK
- ☐ 看電影大哭

寫寫寫
有事情要做就可以集中精神！

擬定一份「待辦事項清單」

感想，而找到自己想做的事。如此一來，煩惱本身就變得無關緊要了。

如果把這些「感想」也一起寫在自我對話筆記本上，日後就可以拿出來回顧：「原來我那個時候是這樣擺脫負面情緒的呀。」

情緒是你的指南針

「我不需要任何情緒！」為情緒起伏所苦的人可能會這麼想。但是，如果沒有情緒的話，碰到總把自己當工具人的另一半、動不動就人身攻擊的上司……和這些人在一起時，你也不會有任何感覺，根本不知道要逃，就像個任人擺佈的玩偶一般。

情緒有時確實很煩人，但它們並非敵人，反而是非常值得信賴的存在。

比方說，你可能有過下列這些念頭：「我喜歡那個人」、「我討厭香菜」、

「我喜歡抒情歌，但不喜歡搖滾樂」等等。

沒錯，正因為我們有「情緒」，才能夠自由選擇自己喜歡的人事物，而且情緒的判斷非常準確（從某種意義上來說，情緒比腦袋更聰明）。也因為**情緒不會說謊**，所以比任何知名占卜師的話都還要可靠。

正如我先前提到的，情緒是一種無法抗拒的「誠實反應」。在討厭的人面前會冒冷汗，和喜歡的人在一起時會不自覺微笑，身體無論何時都在透過一些訊號來讓你知道自己的感受。

被情緒牽著鼻子走，搞得心力交瘁！
我才不需要任何情緒呢！
咚！
BUT!
要是沒有情緒的話……
你看！
簡直像個人偶……

沒有情緒反而傷腦筋

相信自己的情緒

相信嗎，情緒會成為決定你人生方向的「指南針」。

即便聯誼對象不符合你的理想條件，但如果你心裡覺得「喜歡」，那就是正確答案。不依理智，而是依情緒選擇的道路才能引導你走向幸福。

然而，情緒終究只是一瞬間的「反應」，時不時就會發生變化，所以在做出重大決定的時候，更要多花時間好好觀察，**選擇一條能讓自己內心信服的路！**

因為有情緒才能做出選擇

筆記本上要寫什麼？

每天寫下一個讓你覺得「好喜歡」和「好感謝」的事。

討厭的東西因為刺激性強烈，所以容易察覺，但喜歡的東西和感謝的心情，如果沒有特別留意，往往就會被忽略。

請在平時就豎起你的「喜歡」天線，提高指南針的精準度吧。

情緒是你的指南針

WORK ②
覺察情緒的自我對話筆記

如果不想被情緒牽著鼻子走，該做的不是否定任何情緒，而是要原封不動地接受它。與其封閉在自己的心底，不如在自我對話筆記本上一吐為快吧！

上午、下午、晚上，你有什麼樣的感受？如實寫出「今天的自己」是怎麼想的吧。

在回顧一整天的情緒之後，如果產生了什麼樣的想法也要寫下來。這麼一來，你就能客觀地接受自己的情緒。如果能承接這些情感的話，自然也就不會對別人爆發了。

WORK 2

（請參考左頁寫下文字）

① 你今天上午有什麼感受？

② 你今天下午有什麼感受？

③ 你今天晚上有什麼感受？

④ 回顧一整天的感受後，你有什麼想法？

寫作範例

回顧上午、下午、晚上的自己，
寫下當時的「感受」吧！

WORK 2

① 你今天上午有什麼感受？

好睏……真的很睏…刷完牙終於清醒了。
早上去散步以後舒暢多了✧心情好!!!
Blog寫得很順利，感覺不錯！Happy♡

② 你今天下午有什麼感受？

今天該收到的東西還沒寄到……很擔心。
煩惱是不是中間出了問題，有點坐立不安。
查了才發現不小心弄錯了!!太錯愕了——
打擊好大……好失落……

③ 你今天晚上有什麼感受？

講給丈夫阿熊笑一笑，心情就輕鬆多了……
腦袋放空，看搞笑節目捧腹大笑!!泡澡
放——鬆一下！（收到的入浴劑）感覺很好耶♡

④ 回顧一整天的感受後，你有什麼想法？

我的情緒像雲霄飛車一樣（笑）
變來變去的，好好笑!!
虧我還能這麼努力……哭哭
知道自己不管有多消沉都能重新振作，
我就放心了♡

在你接納自己的情緒之後，肯定會產生一些變化。
好好觀察自己，找出寫下這些文字後的改變吧！

有歡笑，有淚水，
會生氣，會消沉……
努力生活的你，很有魅力♡

•••來自作者 *Kankoro* 的加油•••

CHAPTER 3

用文字來整理「思考」

Thought

「思考」的兩個功能

在第二章，我們討論了「情緒」，本章則要談的主題是「思考」。

現在我們知道了，如果要消除煩惱，就必須把「情緒」和「思考」這兩者分開來看。

「情緒」和「思考」的區別

情緒就像是不小心碰到熱水時會覺得燙，這是瞬間反應，只存在於「現在」（參見第59頁）；而思考，則存在於「過去」和「未來」。

比如：「果然很燙」、「早知道就不要碰了」、「下次要小心一點」等等，在感覺到「好燙」之後，漸漸出現在腦海中的才是「思考」。

當發生了某件事，首先產生的是「情緒」，之後「思考」才會發揮作用。

擔心還沒發生的未來也是「思考」，比如「萬一燙傷了怎麼辦」。

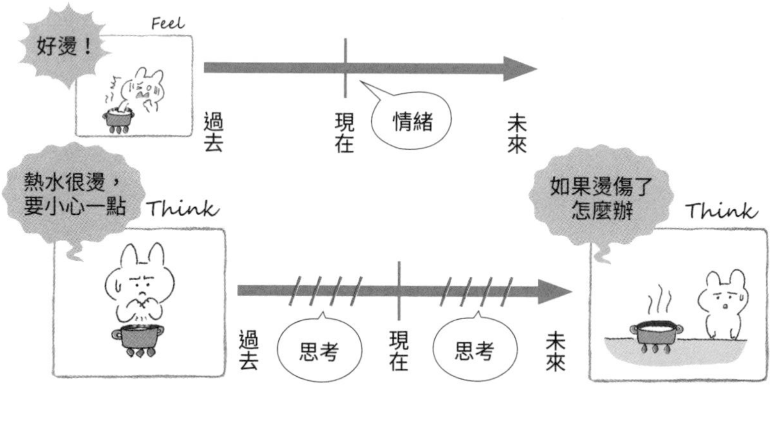

思考存在於「現在」和「未來」

情緒都是透過「開心」、「難過」等「詞彙」表現，而思考則是「朋友都結婚生子了，我到底在做什麼？」這樣的「文章」表現。

「思考」的功用

那麼，「思考」究竟是什麼呢？它主要有兩個目的：

① 保護自己不受傷害。

② 想辦法讓事情往好的方向發展。

這是一種可以時時刻刻預測危險並努

要是生病了怎麼辦
要是失敗了怎麼辦
嗶——
你不能那樣做

思考總是動個不停

力保護自己的「防衛裝置」，也是打造更美好人生的「軍師」。

也就是說，「情緒」只會和自己的身體及當下有關，但「思考」卻能自由來回穿梭於「過去」和「未來」。

多數想法都很負面的原因

雖然思考是值得信賴的存在，但它最重要的目標是「保護自己不受傷害」，反而衍生出一些煩惱。

例如，擔心「自己說這種話可能會惹人厭」、「有天我會孤伶伶地死去」、「下次被開除的人就是我」等等，這些都是思考搞的鬼。

不僅隨意妄想根本沒有發生的事，還過度憂慮「太冒險了，還是不要這麼做好了」、「一定不會順利進行，要做好心理準備」之類的。

據說大腦幾乎無法區分想像和現實，就好像光是聽到「檸檬」這個詞就會分泌出唾液一樣。

因此，身體在面對因為思考而產生的妄想時，也會像現實中真的發生這些事一樣做出反應，像是流眼淚或身體不舒服。

「思考」真的很煩人，不如說是多管閒事吧。

據說有八成的思考都是負面的，但我認為，這是人類為了生存而發展出的必備技能。

我一輩子
都會孤伶伶的……
反正我什麼
也做不到……

胡思亂想再自顧自難受

在遠古時代，人類的祖先生活在不知何時會遇到天敵的環境中，總是命懸一線。為此，他們會頻繁預測危險，無論如何都先往壞處想，先假設最壞的情況來保住性命。

但在我們生活的這個時代，已經沒有必要那麼警惕了。

冷靜下來想想就會發現，在我們的日常周遭，危及生命的危機可說是少之又少！

當你無法停止負面思考時，不妨深呼吸，在心裡告訴自己：**「我的防衛裝置現在努力過頭了。」**

要是凶猛野獸出現了怎麼辦
好想死
對方不回LINE
遠古時代
現今時代

思考是保護自己的防衛裝置

擺脫消極思考的方法

不過，就算理解了思考的本質，也不代表就能馬上停止焦慮。為了避免最壞的狀況發生，我們的思考總是過度預測危險，也養成了往越來越糟的方向前進的壞習慣。

比方說，如果好幾天聯繫不上另一半的話就會很擔心，對吧？

一開始可能只會覺得「對方應該在忙」，然後開始過度解讀成「他討厭我了」、「他嫌我麻煩」，最後甚至會鑽牛角尖覺得「我這種人根本不值得被愛」……我想應該有很多人都有過類似的經驗吧。

其實我也常在回過神後，才發現自己陷入這種狀態。當所有講座受到新冠疫情影響而取消時，眼前的規劃沒有一項能確定，結果讓負面思考也開始失控：這輩子再也不能辦講座了↓已經沒有學員需要我了↓沒有人需要我了。

現在回頭看當時寫下的自我對話筆記本，發現我一直在莫名其妙地責備自己，真的很吃驚（笑）。

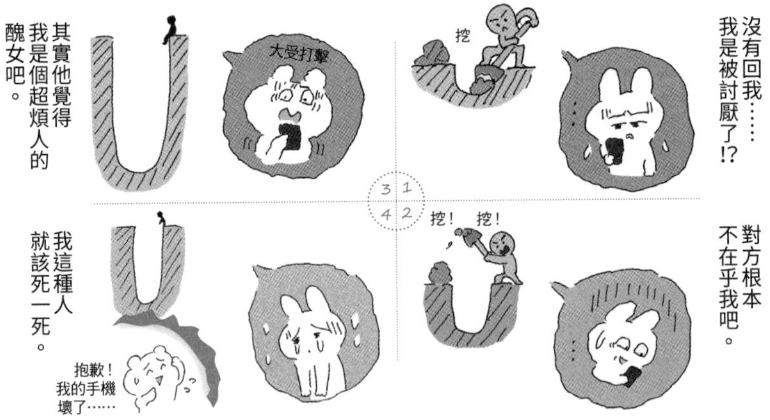
1
沒有回我……我是被討厭了!?
挖
2
對方根本不在乎我吧。
挖！挖！
3
大受打擊
其實他覺得我是個超煩人的醜女吧。
4
我這種人就該死一死。
抱歉！我的手機壞了……

思考的壞習慣是鑽牛角尖

擺脫消極思考的方法

讀者之中可能有人正處於不分青紅皂白，總是先責備自己的狀態。沒關係，有個方法可以幫助你完美擺脫負面思考！

筆記本上要寫什麼？

如果無法停止負面思考，就把內心的想法通通寫下來吧。

哪怕是平常絕對不會讓人知道的內容，在面對自我對話筆記本時，也不要否定自己的心情，全部都寫出來吧。

只有寫下來，你才可以從第三者的角度觀察自己的腦內思考，知道「原來我在想這種事啊。」

這麼一來，你就能意識到這些都不是實際發生的事，都是自己憑空捏造的「妄想」。

這樣的狀態就好像在電影院看恐怖片一樣。我們都明白銀幕中的怪物和幽靈並不會冒出來攻擊你，對吧？

意識到這一點，才是最重要的！

請先問問自己：「這種妄想有意思嗎？」，要是覺得無聊的話，就馬上離開！**就像是看了不好看的電影，我們有走出影廳的權力。**

① 意識到這是妄想

② 詢問自己「這種妄想有意思嗎？」

③ 覺得無聊就馬上離開

在意識到這些都是妄想的那一刻，你幾乎就等於離席了，但要不要再繼續往下看，還是取決於你自己。

擺脫消極思考的訓練

「我不想再陷入消極思考了」、「我想徹底停止責怪自己！」這樣下定決心的人，請一定要動手應用看看。

筆記本上要寫什麼？

① 把你的想法原封不動地寫下來。

② 冷靜下來，從中擷取出「事實」。

寫出來之後，你就會更明白折磨你的不是「事實」，而是「自己的妄想」。

以第92頁為例來解釋，實際發生的是「聯繫不上」，而「被討厭了」、「不值得被愛」這些念頭，都只是自己的思考造成的妄想而已。

一旦意識到這一點，就會覺得「因為自己的妄想而苦惱，也不過是在浪費時間罷了」。

下次陷入妄想時，不妨反覆進行這種訓練，擺脫偏頗的消極思考吧！

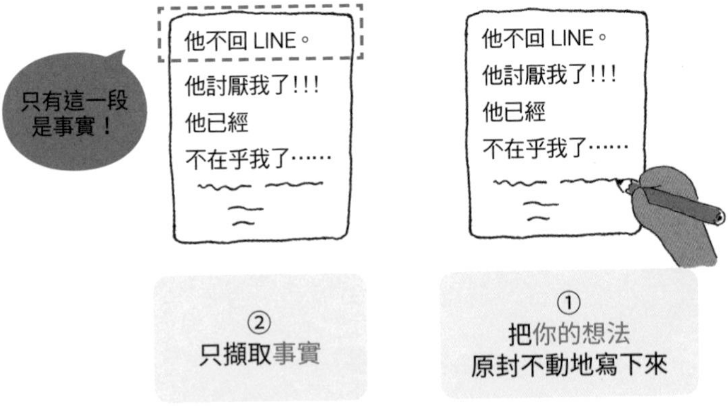
他不回 LINE。
他討厭我了!!!
他已經
不在乎我了……
①
把你的想法
原封不動地寫下來
只有這一段
是事實！
他不回 LINE。
他討厭我了!!!
他已經
不在乎我了……
②
只擷取事實

擺脫消極思考的訓練

區分「生命價值」和「發生的事」

從你的煩惱之中，擷取事實。這也是一種將「生命價值」與「發生的事」區分開來的練習。

不管發生什麼事，都不會影響到你的「生命價值」，而每個人都是一百分這個事實，也不會改變。

如同我在第一章提到的，「生命價值」和「發生的事」並不是一定相等。

讚數多＝有價值的人；粉絲少＝被討厭的人；沒有存款＝廢物；沒有工作＝不被需要的人……不，這些都是錯的！

等號之前的，只是數字或事實，然而，我們的思考卻把它們和生命價值聯繫在一起。

不管是不是被人討厭，無論遇到什麼危機，你就是你。什麼也不會改變。

不管發生什麼事 生命的價值 都不會改變

按讚的數量≠我的價值

存款的金額≠我的價值

銷售業績≠我的價值

發生的事≠生命價值

當自己人生的主人

我經常告訴大家：「當自己人生的主人吧！」，因為決定人生方向的人，正是「自己」。

但是，如果因眼前的事而有所動搖，人生也會變得悵然若失。

在此做個比喻。

假設你在A老闆經營的漢堡店打工。這個月的營業額下滑了30%，A老闆很消沉。

老闆開始抱怨：「都怪附近那間競爭對手的餐廳」、「都怪IG的粉絲太少」、「都是最近常下雨害的」，最後自暴自棄地說：「反正我就是無能。」

店裡的料理也越來越馬虎，最後甚至會向客人說：「我們的漢堡不好吃，對吧？我們這種店還是關門大吉好了。」

如果老闆是這樣的人，無論是誰都會

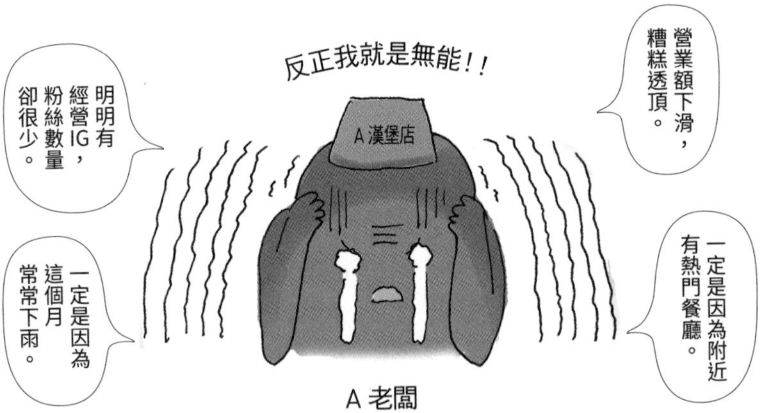

營業額下滑，糟糕透頂。
反正我就是無能!!
A 漢堡店
明明有經營IG，粉絲數量卻很少。
一定是因為附近有熱門餐廳。
一定是因為這個月常常下雨。
A 老闆

營業額下降 30% 時：A 漢堡店

擔憂這家店的未來吧。

另一方面，競爭對手的B老闆，其實店裡的營業額也下滑了30%，但他卻將「危機」視為「轉機」。

開發新菜色、用心經營社群媒體、推出雨天優惠等等，思考能力所及的事並且一一執行。這些點子奏效之後，顧客也回來了。

聽完兩間店的說明，你是不是也比較想在B老闆的店裡工作呢？

營業額下滑、附近有競爭對手的餐廳、粉絲數很少、天氣不好。這些都是兩間店共有的「事實」。也就是兩

這可能是一個成長的機會!!
B漢堡店
想想發生的原因。
在IG的照片上多花點心思。
也許可以開發新菜單。
試試看雨天優惠吧。
B老闆

營業額下降30%時：B老闆

者的條件完全相同。

不同之處在於兩位老闆看待這一切的心態。

A老闆把「發生的事情」和「自己的價值」連結在一起；而B老闆則把兩者分開，並且思考如何提高營業額的對策。

大家應該都希望決定店鋪命運的老闆採取的是「對策」，而不是「自我否定」吧。

不過，你對待自己人生的方式，是不是也像A老闆一樣呢？

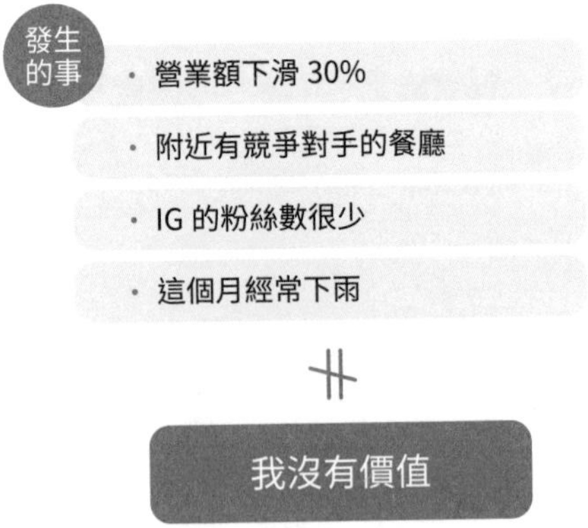
發生的事
・營業額下滑 30%
・附近有競爭對手的餐廳
・IG 的粉絲數很少
・這個月經常下雨
≠
我沒有價值

發生的事≠老闆的價值

人生方向由自己決定

既然人生方向是由自己決定，那麼，追求快樂的人生不是更好嗎？

來吧，從現在開始，你也成為「自己人生的主人」吧！

你可能會認為「這對我來說簡直是天方夜譚」，但人潮絡繹不絕的店家也不是一開始就大受歡迎的。不斷摸索並開發出新菜色、透過網路製造話題等等，他們一定做了很多無形的努力。

人也是一樣的。無論是現在大紅大紫的明星，還是看起來很幸福的朋友，一定也都經歷過失敗和周遭的嚴厲批評。

沒有人能從一開始就一步登天。**越是讓人羨慕的對象，就越能冷靜判斷自己得到的評價，在制定自己的策略時，也在不斷努力著。**

別擔心，你不可能做不到。

如果事情不順利也不要灰心，而是應該試著從人生主人的角度來思考未來的對策。

自己的人生方向，由自己決定吧！

- 交不到男朋友 ➡ 多去能夠結識他人的場所
- 追蹤人數很少 ➡ 研究一下熱門帳號
- 工作不順遂 ➡ 找前輩商量

從「自我否定」畢業，
成為人生的主人吧！

思考是用來解決煩惱的

到目前為止，我們都把焦點集中在「保護自己不受危險的防衛裝置」這個面向，但我在第84頁中說過，思考有兩個功用。

還記得嗎？另一個功用是「軍師」，可以利用過去的經驗來創造更好的生活。

「思考」擅長制定戰略或提出點子。也就是說，**它是解決煩惱的強大盟友。**

對未來感到悲觀、產生負面妄想……不妨把你那些動不動就過度運作的思考集中到一個方向上，只用來「解決煩惱」吧！

相反地，如果不好好使用思考的話，就會持續煩惱不停。

會煩惱，大多是很悠哉的時候。當你被工作逼得焦頭爛額時，根本沒有心思去想：「他不回我訊息到底是在做什麼呢？」

思考具有填補空白的特性，所以當你的頭腦有餘裕的時候，就會想用煩惱來填補空白。

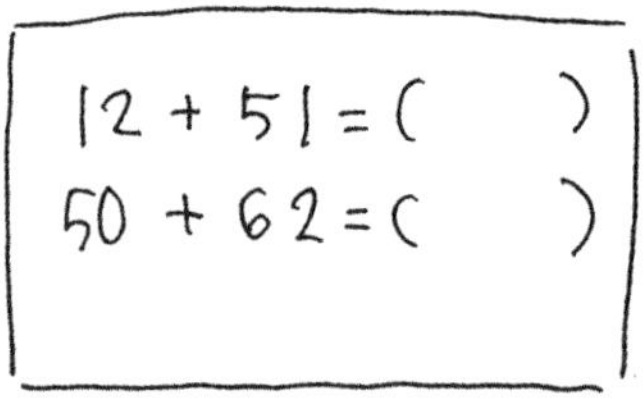
12 + 51 = (　　)
50 + 62 = (　　)

寫寫寫
有事情要做
就可以集中精神！

將思考集中在正確的地方

透過思考尋找幸福之路

當你苦惱的時候，就是自我對話筆記本的登場時間！

筆記本上要寫什麼？

①收集現況的相關資料。

②決定方向。

③列出選項。

首先，將煩惱分為「事實」和「自己的感受」，作為「①現況資料」寫下來，然後寫下「②方向」（自己的願望）。

一定是因為內心有什麼預期，你才會感到苦惱。那麼，多花一點時間也沒關係，選擇一個自己能夠誠心接受的方向。

這時，關鍵是想像「心願成真時的心

① 收集現況資料

事實

對方一整天都沒回 LINE。

那就如實接受吧。

我的感受

- 打擊很大
- 很寂寞……

② 決定方向

我想怎麼做？

我喜歡他，以後也想和他好好相處。

當你有那個心情的時候，才會冒出新點子。

實現後，我會是什麼樣的心情？

- 超級開心！！
- 笑容滿面！

用思考來決定方向

情」，並且把它寫下來。連自己都不相信的願望，肯定是不會實現的。最後選擇的方向是要能讓自己充分發揮「我想讓它實現！」的力量。

最後，思考「③選項」。

就像前面故事中的B老闆一樣，為了向自己決定的方向邁進，所以認真思考「對策」。

而自我對話筆記本也非常適合用來構思點子。暫且不論可行性，總之先把想法通通寫下來吧。

這個階段的重點不是尋找正確答案，而是增加「讓現在的自己更幸福的選項」。

例如，即使你在等待另一半的聯繫，也可以把「乾等的時間」轉變成「讓自己樂在其中的時間」，像是在這時候逛街或追劇。

一起想想有什麼能讓自己開心的事吧！

當你列出所有想到的選項時，可以在旁邊標示優先順序，決定要先做哪一件事（覺得不對的選項可以打×）。

一旦決定好要做什麼，就不會再苦惱了。一想到自己在眾多選項中「特意選了這個選項」時，心態也會更加積極。就結果來說，成功的機率便會大幅提升。

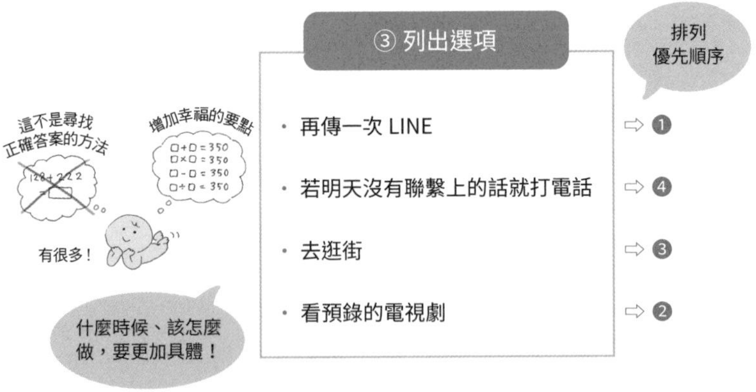
③ 列出選項
排列
優先順序
這不是尋找
正確答案的方法
增加幸福的要點
□+□=350
□×□=350
□-□=350
□÷□=350
有很多！
什麼時候、該怎麼
做，要更加具體！
・再傳一次 LINE ⇨ ❶
・若明天沒有聯繫上的話就打電話 ⇨ ❹
・去逛街 ⇨ ❸
・看預錄的電視劇 ⇨ ❷

想想邁向幸福的方法

活用五感讓思考休息

雖然說思考是解決煩惱的有力盟友，但是，如果一年三百六十五天、一天二十四小時都在不停思考，一定會感到相當的疲憊，所以別忘了要適時休息。

這種時候，我會建議運用「五感」來放鬆思考。請嘗試將圖中所示的「五感活動」融入到你的日常生活。只要能從「思考」轉換成「感覺」，就算是短短一分鐘也都能讓你重新充電！

- ☐ 仰望天空（視覺）
- ☐ 聽音樂（聽覺）
- ☐ 觸摸動物（觸覺）
- ☐ 品嚐熱開水（味覺）
- ☐ 點精油（嗅覺）

活用五感讓思考休息

筆記本上要寫什麼？

條列使用「五感」所做的事。

WORK ③
用思考打造明天的自我對話筆記

想要把「煩惱」轉化成「幸福」，與其將思考當作「防衛裝置」，不如把它視為開創更美好人生的「軍師」。

你希望明天的自己是個什麼樣的人呢？

你覺得要做什麼，才能成為「理想中的自己」呢？

運用思考，想想讓明天的自己更加快樂的方法吧！

一旦決定要做什麼，煩惱的時間就會變少。

WORK 3

（請參考左頁寫下文字）

① 你希望明天的自己是個什麼樣的人？

② 制定早、中、晚的待辦清單

③ 如果自己成為①的理想樣貌，在執行②的內容時，會怎麼做？

④ 寫一封信給明天的自己加油打氣吧！

只要有事做，煩惱的時間就會變少！把明天要做的事寫下來吧。建議可以在做完後打勾。

設定一個你想安裝在自己身上的模式，像是「崇拜的女演員」、「無憂無慮的自己」！

寫作範例

WORK 3

① 你希望明天的自己是個什麼樣的人？

意志堅定的女人！而且要感性圓融，能說出動人心弦的話。會讓人產生「好想更認識Kankaro！好想見本人！」的念頭的人!!!

② 制定早、中、晚的待辦清單

《早上》	《下午》	《晚上》
□散步 □瑜伽 □寫白天份的Blog文章	□書籍製作 □寫晚上份的Blog □購物	□更新IG、Twitter □洗碗盤 □宣傳線上沙龍活動

③ 如果自己成為①的理想樣貌，在執行②的內容時，會怎麼做？

《早上》	《下午》	《晚上》
不要思考！ 要靠感受！	騰出一段遠離手機的時間	設定計時器，該做事的時候就做，不用做事的時候就不做。

④ 寫一封信給明天的自己加油打氣吧！

小Kan自然而然流露的話語是最棒的✧
所以不用想太多也沒關係！接觸自己的內心，
盡情享受真實的自己！一定會很順利的\(^o^)/
我很期待明天的Blog文章哦♡
相信自己和周圍的人…GO!!!

如果自己成為①的理想樣貌，在執行②的內容時，會怎麼做？

寫一封信鼓勵明天的自己吧！像是鼓勵好朋友一樣，為自己加油打氣。

消極也沒關係♡
思考一下
「那麼，我自己想怎麼做？」
就能找到一條通往幸福的道路。

來自作者 *Kankoro* 的加油

CHAPTER 4

把煩惱寫在筆記本上「可視化」

Visualization

將煩惱「可視化」——時序檢查法

一旦開始煩惱，就會不自覺產生越來越消極的各種過度解讀，甚至會鑽牛角尖，覺得人生已經完蛋了。

我在第三章談到，原本平凡的煩惱之所以會變得太過痛苦，是因為「腦內會議」。

因為大腦具有擴散焦慮的特性，讓煩惱開始加劇，而你也越來越難受。

究竟該怎麼做，才能避免痛苦呢？答案是使用自我對話筆記本，把煩惱變成「看得見的樣子」！

有時候，明明煩惱得要命，但真的動筆寫下來後，卻發現只寫得出短短三行而已。

所以，當有煩惱的時候，不要只是讓自己在腦海裡經歷一場風暴，而是該通通寫下來，讓它們「可視化」。這麼一來，你才能真正放下心，告訴自己：「什麼嘛，原來不過是這點小事呀。」

腦內會議會
讓煩惱越來越大。

寫下煩惱將其「可視化」之後，
會發現事情比想像的還要小。

將煩惱「可視化」

在第四章，我會和大家分享「將煩惱可視化，並且能讓自己放心做出改變的方法」。

時序檢查法

首先要介紹的是「時序檢查法」。

當你面臨該結婚或分手這類人生的重大抉擇時，這個方法就能派上用場。

請參考附圖，寫在自我對話筆記本上吧。

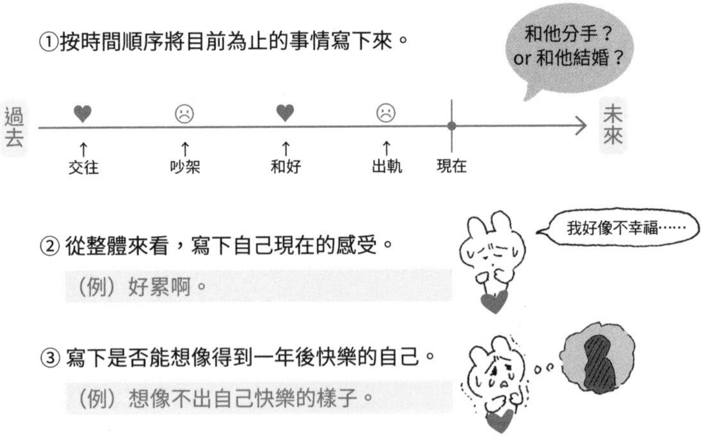
①按時間順序將目前為止的事情寫下來。
和他分手？
or 和他結婚？
過去
未來
交往
吵架
和好
出軌
現在
② 從整體來看，寫下自己現在的感受。
（例）好累啊。
我好像不幸福……
③ 寫下是否能想像得到一年後快樂的自己。
（例）想像不出自己快樂的樣子。

時序檢查法

筆記本上要寫什麼？

①按照時間順序，將到目前為止發生的事都寫下來。開心的事，畫上「♡」；傷心的事，畫上「☹」等等，加上圖示會更容易理解。

②全面檢視列出的時間表，寫下自己現在的感受。不管是幸福、痛苦……把你的想法原封不動地寫下來。

③想像一年後的自己快不快樂。全面整理過去的資訊後，想想將來的自己會不會快樂，並寫下來。

往事會在腦海裡被美化

以時間順序為基準，是為了收集更準確的資訊。這是因為我們的大腦有個「修正並美化過去」的壞習慣（偶爾也有完全相反的時刻，會在腦海中醜化過去）。

無論是多麼痛苦的戀情，回首過往時，你可能會想：「我再也遇不到這麼好的人了，如果可以的話，我想再試一次。」

但實際上，當初就是因為這個人而讓自己感到痛苦，所謂「這麼好的人」

美化前男友
再也找不到像他
那麼好的人了……

人們總是會美化過去

並不存在於這個世界上。大腦擅自美化了那段痛苦的過去，也就是說，只在大腦裡思考的資訊缺乏準確性。這也是為什麼我們要把事情按照時間順序排列，並將正確的資訊寫進筆記本裡的原因。

選擇一個能讓內心信服的方向

回顧那段時間所發生的事，你的內心現在有著什麼樣的感受呢？

「那時候我真的好難過」、「我很開心」、「心臟噗通噗通地跳」、「我好累」等等，好好看過至今為止的所有資訊後，傾聽內心給出的答案吧。

而你內心的狀態也會反映在臉部表情上，這就是為什麼我希望你看看自己是不是正「快樂地笑著」。

如果你能同時想像未來「快樂的自己」和「不快樂的自己」，想想看，最後會是哪一個勝出呢。或是現在雖然想像不出快樂的樣子，但內心渴望挑戰，也是可以繼續前進的。

重要的是尊重自己內心給出的答案。無論是和再怎麼值得信賴的對象商量，即便對方說「YES」，但只要你的內心說了「NO」，那就行不通。

只有遵循自己的真心選擇並行動，才能真正實現你所希望的世界。

開心地笑 ⇨ 前進

不知道 ⇨ 保留

笑不出來 ⇨ 停止

如果「自我不存在」一定會崩潰！

選擇一條讓內心信服的路

沒有想法可能是因為「缺乏資訊」

如果不管怎麼想都沒有答案的話，那麼，原因可能是「缺乏資訊」、「缺乏觀察」、「隨便（都可以）」的其中一個。

首先，讓我們試著重新收集資訊。

如果是戀愛相關的煩惱，可以回憶一下這段時間兩人之間所發生過的事情，並按照時間順序排列（可以回顧通訊軟體的對話紀錄作為輔助）。

① 缺乏資訊

這裡的其中一個！

② 缺乏觀察

③ 隨便（都可以）

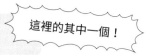

如果這麼做之後，還是想不通的話，有可能是對「自己」的觀察還不夠。那就再想想，對於至今為止發生的事和對方的言行舉止，「你」有什麼感覺呢？**回顧一下當時內心和身體狀況的變化吧**。

即便這麼做還是不明白的話，也許對你來說就是「**都可以**」。

面對結婚或買房這種人生的重大選擇時，最好一直思考到得出正確的答案為止，但如果是要不要和這個人約會等問題，就代表去不去都可以。

「不知道」是可能性的寶庫

就算你不知道自己想怎麼做，也沒有必要責怪自己：「連這都想不通，真沒用。」

因為「不知道」也是很好的回答！

說到底，凡事都要非黑即白的想法本來就是錯誤的。

不知道＝選什麼都可以、有很多選擇。

但是，如果你不肯承認自己「不知道」，就無法繼續前進。所以，試著接受事實吧。有了這樣的認知之後，你就能為自己提供選項。

在思考未來時，如果只在大腦裡進行，往往會誤入歧途，因此，利用自我對話筆記本來「可視化」是很重要

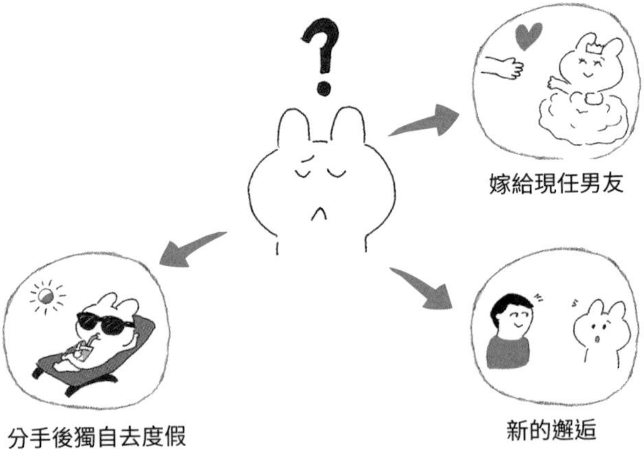

不知道＝選什麼都可以

的。寫下所有選項之後，你會發現還有很多方式能讓自己變得幸福。

筆記本上要寫什麼？

寫下除了「保持現況」和「放棄」之外的選項。

將煩惱「可視化」
——設定目標

雖說不知道＝無限可能，但如果你一直處在不知道的狀態中，就會永遠煩惱下去。

就像工作時，一味處理一些永遠做不完的業務是很煎熬的（如果公司沒有規定下班時間就更辛苦了！）。

我會在工作時設定計時器，每45分鐘休息一次（這是我集中力的極限），如果沒有期限，我會連原本的實力都發揮不出來。

哪怕還不清楚情況或想再觀察看看，也都先為自己設定一個「期限」吧。

筆記本上要寫什麼？

寫下「目標」和「期限」，決定什麼時候之前要完成什麼事。

尤其在想實現的目標和戀愛或夢想有關時，更必須設定一個期限。就像減肥，如果有「夏天之前要瘦3公斤！」這樣具體的目標，也會更有動力，對吧？

有目標就能努力

沒有截止時間
就永遠做不完

必須設定期限……

如果設定了期限，就可以集中精神朝著目標努力，也可以好好享受這一段時間。

請記得，這個期限絕不能誇張到讓人心想「是在開玩笑吧」。

要是告訴你「再努力個三十年就好」，你應該會嗤之以鼻吧。門檻也不能設得太高，像是兩天內要增加一萬名粉絲這樣不可能的任務。

幫自己設定一段「既不勉強又能享受的時間」吧！

事實上，我之所以能長達十年持續更新部落格，也是因為我把第一道門

目標	
在	之前

寫下一個既不勉強又能享受的時間吧！

設定目標

檻降得很低：「先寫三天試試看」。正由於我沒有感到壓力，還能樂在其中，最後就一步步延長期限，一直到現在。

輪到你了，你想要在什麼時候實現目標呢？

生命有限，任誰都沒辦法保證自己一年後還活著。還在猶豫的人，該是時候醒來了！

將煩惱「可視化」——觀察表

設定好目標與期限之後，不妨定期寫下像附圖所示的「觀察表」，將截止日期前的這段期間「可視化」。

觀察表

筆記本上要寫什麼？

寫下「事實」、「我的感受」、「我想達成什麼？」、「實踐方法」。

寫作範例：

事實　鼓起勇氣跟另一半討論結婚的事，他模棱兩可地回答：「哦，是得考慮一下。」

我的感受　原來對方有意識到這件事，好開心。

我想怎麼做？　我想和他結婚。

實踐方法　和他一起去參觀婚宴場地。約一對感情不錯的夫妻朋友，四個人一起去吃頓飯。

根據設定的期限不同，觀察的頻率也可以做出調整。如果是三個月的話，就每週一次；如果是三週的話，就三天一次。可以用這樣的頻率定期寫下自己的觀察。此外，也可以用比較自由的方式，像是「只要跟他見面就寫」。

這些內容會如何隨著時間變化呢？仔細觀察一下過程吧！日期一到，請重新回顧整份「觀察表」。

看完以後，你覺得「現在」的自己快樂嗎？

你覺得「未來」的自己會快樂嗎？

要是開心不起來，就不用勉強自己繼續下去。

如果還想再考慮一下，延長期限也沒問題，但一定要設置定期檢視目標的間隔。因為永無止境的拖延，只會讓你漸漸失去判斷能力。

為了不要一直煩惱下去，你也可以限制自己延長的次數，例如最多只能延長三次等等。

即使最後選擇放棄，這段時間也絕對不是毫無意義的。

一定會有人看見你努力的樣子。既然你如此認真地對待自己的人生，甚至為此苦惱得不得了，我相信無論選擇哪條路，都一定會得到幸福！

嗯嗯

① 重新檢視目標

照照鏡子，
自己是快樂的嗎？

② 看看「現在」的自己

我是快樂的嗎？
未來

③ 想像「未來」的自己

當期限一到……

可視化「現在的自己」——自我採訪

我總是反覆提醒大家要傾聽內心的聲音，想要把「煩惱」轉化成「幸福」，**「認識自己」是很重要的**。

雖然如此，當局者迷，我們往往會看不清楚自己的事。

接下來，我要介紹的是「可視化自己」的方法。

我認為我之所以可以把自己的想法寫成文章或書籍，是因為人們經常會問我問題。不管是諮詢或採訪，總會有人向我提問，所以我很幸運地有很多機會能捫心自問。

但多數人一般並沒有那麼多被問問題的機會，對吧？

這時候，又要讓自我對話筆記本登場了。主題就是「自我採訪」，讓我們向自己問問題吧！

筆記本上要寫什麼？

從附圖的問題中隨意挑出幾題，寫出「今天的你的答案」。

採訪自己

今天的你，回答了什麼樣的內容呢？

你可能會感到很意外，有些題目你竟然無法馬上給出回答，甚至是找不到答案（在我還不習慣接受採訪的時期，也曾經因為記者的問題太細節而答不出來呢！）。

「雖然回答不出來，但滿好玩的！」你有過這種感覺嗎？應該有一種學生時代和朋友寫交換日記的雀躍感吧。

對自己感興趣，真是一件令人高興的事。

最近熱衷的事情是什麼？	什麼書（漫畫）觸動了你的心？	想去哪裡旅行？
現在最想見到的人是誰？	喜歡的食物是什麼？	最近很開心的事是什麼？
你最喜歡的話是什麼？	喜歡的化妝品是什麼？	最近很失望的事是什麼？
讓你充滿活力的歌是什麼？	自己的優點是什麼？	如果得到 100 萬，你會用來做什麼？
難過的時候會聽什麼歌？	自己的缺點是什麼？	如果可以轉世的話，你希望變成哪個人？
推薦什麼電影？	如果要用一句話介紹自己？	如果要為今天下標的話，會是什麼？

問問今天的自己

語言化是一種接觸內心的行為

「自我採訪」是與自己建立連結的時間。

首先，被問到一個問題時，我們往往會進入記憶倉庫四處尋找答案。然後，從中找到一個讓你靈光一閃「就是它！」的選項，再將它言語化，透過「書寫」來輸出答案。

與平時看不見的「自我」建立連結，有助於將自己視為一個獨立的個體，然後就能更愛自己。

你可以隨時進行自我採訪，但如果可以的話，最好定期進行，例如每三個月進行一次。

時不時新增或改變題目也可以。想像如果面前有一位讓你憧憬的對象，你想問他什麼？請務必把這些問題拿來問問自己。

在網路上搜尋「問題集」就會出現很多問題，回答那些問題一定也很有意思。

即便是同一個問題，答案也可能會在幾個月內發生變化，不斷更新對自己的了解也是一種樂趣。

其實，**和他人溝通不順暢，往往也是因為缺乏了與自我的對話。**

不知道要聊什麼話題，或是無法準確表達自己的想法和感受，這都是因為你本來就不夠了解自己。

「自我採訪」對於練習溝通也很有幫助。不妨透過自我對話筆記本來磨練

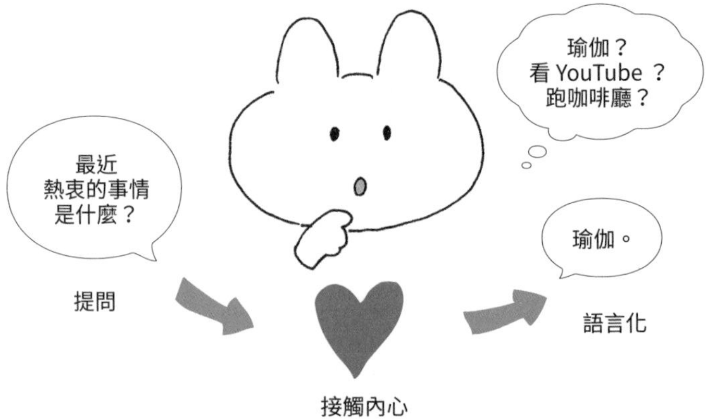
最近
熱衷的事情
是什麼？
提問
接觸內心
瑜伽？
看 YouTube ？
跑咖啡廳？
瑜伽。
語言化

語言化是一種接觸內心的行為

談話技巧，提升個人魅力吧！

「可視化自己」也有助於產生自信

透過「自我採訪」來「可視化」自己，就會產生自信。

很多人對自己沒有信心，只是因為沒有好好和自己對話而已。

由於「自信＝自我信任」，與自己建立連結、試圖理解自己，才能夠進一步產生自信。

了解自己就會產生自信

但如果你不理解自己的存在，自然也就無法全然信任自己。我想你一定不會和一個不了解自己的人建立信任關係，對吧？

為了擁有自信，優先對自己產生感興趣的態度是非常重要的。

可視化「過去的自己」——我的年表

採訪完「現在的自己」，接下來，我們要將目光轉向「過去的自己」。

實際上，你從出生到現在的生活經歷中，存在著許多提示。

所以，讓我們坐上時光機，去採訪「過去的自己」吧！

從你出生到現在，發生過什麼事呢？

和朋友吵了一架、社團比賽獲得了冠軍、第一次有了喜歡的人、求職失敗……應該有過許多令你難過和開心的事情。

讓我們一一回憶每一次撼動人心的事件和記憶深刻的活動，製作出一份專屬於你的年表吧。

筆記本上要寫什麼？

寫下每一年發生的事，製作出屬於自己的年表（請寫在頁面左側，右側留空）。

GO!! 穿越時空

看看過去的自己

要是有特別在意的年齡階段，而只針對這個區間也可以。如果沒有特別的重大事件，我會建議從出生起，開始製作自己的年表。

回首過去，我想大家都會想對自己說：「原來我這麼努力呀」、「虧我能熬過這個時期」。

若要你再做同樣的事，恐怕有很多都已經做不到了。

想像一下現在如果要你再回到學校過集體生活……根本辦不到！（不禁感嘆以前的自己真厲害～）

年齡	經歷
22	・求職失敗 ・1 年無業遊民
23	・在第一志願的公司就職 ・和同期的 A 交往
25	・和 A 分手後傷痕累累
26	・調到自己希望的部門
28	・和 B 交往

選擇任何年齡階段都 OK
主題自由
要深挖也可以
寫下讓內心觸動的事情就很棒！

① 製作自己的年表

這就是對自己的尊敬。在製作年表時，也好好享受與過去的自己對話吧。

從過去的自己身上尋找收穫

完成年表後，在頁面空出的右半邊寫上「收穫」。

所謂「收穫」，是你從這些經歷中學到什麼，或是因此而得到的好處。

例如，「求職失敗」↓「多虧如此才找到了想做的工作」。

雖然當下很沮喪，但你現在可能會發現「多虧○○才有了幸福的現在」。

我認為這種覺察就是過去的自己送給現在的自己的禮物，也就是收穫。

尋找收穫的訣竅是謹記「多虧○○」這句話並好好思考。如果想著「都是○○害的」就會找不到收穫，所以要特別留意。

因為失敗而哭泣的那一天、因為彷徨而痛苦的那一天、因為失戀而絕望的那一天……只要你能把它們視為一種「收穫」，那麼，痛苦的過去就不再是「包袱」，而是「寶物」。

就像在尋寶一樣，試著寫下收穫吧！

筆記本上要寫什麼？

在經歷旁寫上「收穫」。

寫完自己的年表和收穫之後，現在的你有什麼感覺呢？

年齡	經歷	收穫
22	・求職失敗 ・1 年無業遊民	➡ 多虧如此，才找到了想做的工作。
23	・在第一志願的公司就職 ・和同期的 A 交往	➡ 學會了「喜歡」，這是愛情和工作中最重要的武器。
25	・和 A 分手後傷痕累累	➡ 學會了不斷忍受只會造成關係破裂。
26	・調到自己希望的部門	➡ 多虧如此，才能夠全心投入工作，進入想要的部門。
28	・和 B 交往	➡ 因為和 A 分手，我才能夠遇見 B。

② 在經歷的旁邊，寫下你的收穫

開心的自己、達成目標的自己、煎熬痛苦的自己……你是不是看見了形形色色的「自己」呢？

然而，**不管什麼樣的自己，都是「珍貴的自己」**。

正因為你已經克服了一切，現在才有辦法在這裡閱讀這本書。

我相信你過去碰到的每一堵牆都是在引導你往前。

否則，你也就不會拿起這本書，我們也就不會相遇。「現在的你」就不存在了。

任何自己，都是珍貴的自己

所以，哭泣的你、犯錯的你、苦惱的你，全部都是「正確的」。

可視化「未來」

我們之所以會煩惱或茫然不安，是因為「看不見」未來。因為不知道會發生什麼事，所以感到害怕。

既然如此，想辦法看得見不就好了嗎？我是這麼認為的。而且，以一種能穩定內心的方式來「可視化」未來也很重要。

正如前面所說的，未來總是以讓我們感到不安的模樣出現，但既然都看不見了，讓它呈現出明亮有趣的一面不是更好嗎？

想像一下比現在笑得更燦爛的「未來的你」吧！把這樣的自己寫在筆記本上，給自己一個一帆風順的未來吧。

筆記本上要寫什麼？

描繪「希望能成為這樣的自己」，並將想到的內容寫下來。

不管是文章、圖畫、記號或照片都可以。

從記憶倉庫中收集一些令人雀躍的東西，用它們組裝起來的形象自由地描

「可視化」未來的自己

繪出自己的世界（記得，要描繪的是從自己的眼睛看到的景色，或是自己的樣貌，請用「我」當主詞）。

以我為例，就是「每年都去夏威夷度假！和老公一起去可以看海的咖啡廳消磨時間。把在當地產生的靈感，寫成最讓人期待的書籍！」我據此描繪了一張這樣的圖。

像這樣把理想的未來烙印在自己的潛意識中，你就真的成為一個把去夏威夷當作理所當然的人了。

「對，我是一個要去夏威夷度假的人，所以存點錢，規劃好行程吧。

試著寫出「希望能成為這樣的自己」

啊，先買本旅遊指南回家好了。」這樣的想法會讓你的選擇和行動都跟著改變。

聽好了，**「理想的自己」是可以自己選擇的。**

所以，在大腦陷入對未來的焦慮不安之前，先描繪出快樂的場景來欺騙大腦吧。你只要成為快樂世界的居民就好了！

WORK ④
「可視化」未來的自我對話筆記

就像被你描繪的概念所吸引一樣，你的「選擇」、「行動」和「現實」都會產生變化。你希望未來的自己會是什麼樣子的？當這件事成真時，你覺得自己會是以什麼樣的心情，在做什麼樣的事呢？盡量將第153頁中寫下的「希望能成為這樣的自己」變得更加具體。自由描繪出令人雀躍的「幸福未來」，並將它「可視化」，成為隨時都準備好實現夢想的自己吧！我自己也是透過這個方法實現了出書和結婚的夢想呢。

（請參考左頁寫下文字）

WORK 4

① 將「希望能成為這樣的自己」可視化

② 當①成真時，你會是什麼樣的心情呢？

③ 在①成真後的自己，會採取什麼樣的行動呢？

④ 寫封信給未來實現心願的自己吧。

寫作範例

自由描繪出「理想中的自己」，
並將其「可視化」！
用插圖或照片表現也可以。

想像一下成為
「理想中的自己」後，
會有什麼心情，把它
寫下來！

WORK 4

① 將「希望能成為這樣的自己」可視化

空出假期去夏威夷度假♫ 去能量景點
療癒自己，做瑜伽放鬆身心，或是在海景
咖啡廳工作！帶著雀躍的心情寫書！
讓更多──人感到Happy♡ 粉絲超過10萬人！

② 當①成真時，你會是什麼樣的心情呢？

充電！我充滿了動力～～～!!! 能放鬆真是太幸福了──！

靈感不斷湧現，太開心啦──！
大家也很開心，好耶～！
好想蹦蹦跳跳呀！好興奮呀!!

③ 在①成真後的自己，會採取什麼樣的行動呢？

- 每天開開心心地更新SNS
- 睡前寫自我對話筆記本
- 好好玩耍、好好休息，認識更多人，讓感性變得更柔和

④ 寫封信給未來實現心願的自己吧。

小Kan，恭喜妳♡ 放心休假去夏威夷吧!! 太棒啦！
沐浴著夏威夷的風，盡情充電吧──♡!!
每個人都很喜歡Kankoro充滿親身體驗的書籍和
文章!! 不僅在SNS上成為熱門話題，也恭喜妳收到
雜誌的邀約♡ 將來也要盡情享受，把精彩的內容
分享給全世界吧！妳也讓我變得精力充沛!!!
期待未來的發展♡

「理想的自己」
在做什麼事呢？
寫下具體的內容吧！

寫封信給未來實現心願的自己吧！
想像自己心願成真時的感受，
將可以大幅提升實現夢想的可能性！

讓你的「心願」可視化!!
文字是流傳至今的魔法。
寫下的心願不小心就會成真，
要小心哦♡

•‥• 來自作者 *Kankoro* 的加油 •‥•

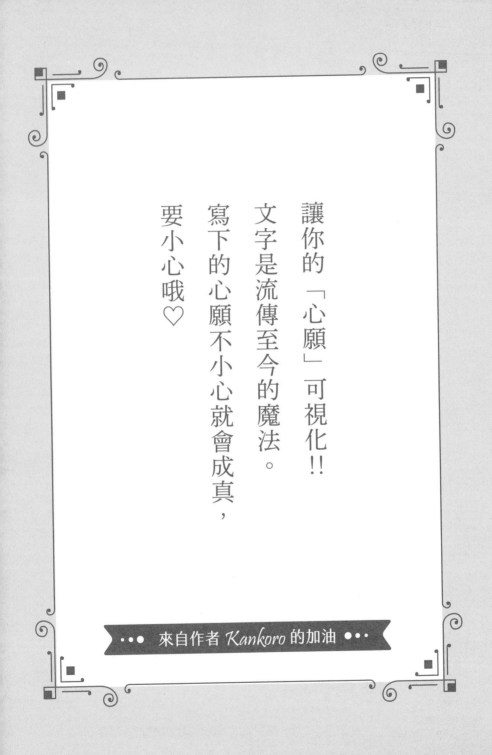

CHAPTER

5

活在「自我軸心」上的筆記術

Put yourself first

多數的「煩惱」都是偏見

我在這本書中介紹了各種不被煩惱所左右的方法，終於來到了最後一章。在第五章中，我想從「懷疑煩惱」開始說起。

應該有很多人認為「結婚＝麻煩的事」吧。我也聽過有人說：「我不適合結婚，還是算了吧。」其實，我姐姐就是這種類型的人。

她對結婚抱持著負面的印象，像是「不能隨心所欲做自己想做的事」、「責任會變重」等等，而她又是對工作充滿熱情的人，所以很早就表明了自己不會結婚。

然而，她卻在去年突然登記結婚了！

當我問起原因時，她說，一切都是從她懷疑自己對結婚的偏見開始的。

姐姐說：「我的世界發生了巨大的變化，甚至還納悶從前的自己究竟是在堅持些什麼？」而她現在的丈夫和她擁有共同愛好，每天也都過得很幸福快樂。

這是非常重要的一點。「結婚＝麻煩的事」或許只是偏見而已。

如果繼續深入思考，就會發現，有時

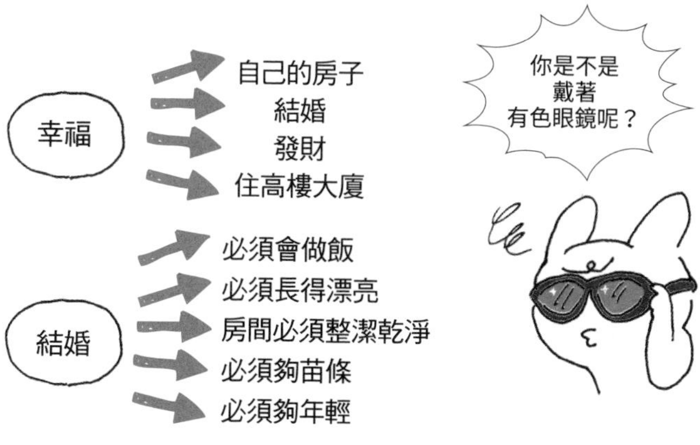
你是不是
戴著
有色眼鏡呢？
幸福
自己的房子
結婚
發財
住高樓大廈
結婚
必須會做飯
必須長得漂亮
房間必須整潔乾淨
必須夠苗條
必須夠年輕

摘下有色眼鏡

候只是因為「父母這麼說」、「網路上這麼寫」而深信不疑。

這個道理同樣也適用於煩惱上。或許你正煩惱著「沒有他就活不下去」、「我被所有人討厭」……，這些煩惱本身就是一種「偏見」。當你開始煩惱的時候，請懷疑自己的觀點並深入研究。

筆記本上要寫什麼？

針對煩惱，按照「①為什麼？」↓「②這個原因真的可靠嗎？」↓「③這真的是為我好嗎？」的順序一層層抽絲剝繭。

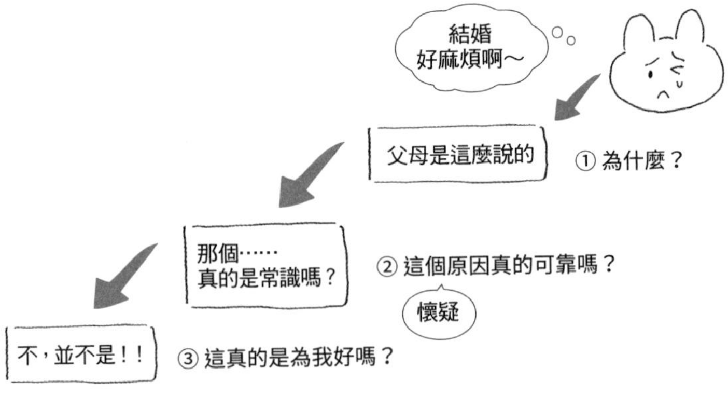
結婚
好麻煩啊～
父母是這麼說的
① 為什麼？
那個……
真的是常識嗎？
② 這個原因真的可靠嗎？
懷疑
不，並不是！！
③ 這真的是為我好嗎？

懷疑煩惱

這麼一來，你就會發現這個看法並不是真的為自己好。光是這麼做，就能大大減少你的煩惱。

這個世界並沒有絕對

此外，質疑「幸福」和「結婚」的概念本身也很重要。

其實我也和姐姐一樣，曾經對結婚抱有強烈的偏見。我甚至堅信「不會做飯就不能結婚」、「結婚對象一定要有正職工作」等等。但當我遇到現在的丈夫之後，這些堅持突然就變得無所謂了。我現在仍然不會做飯，而他所從事的也不是我預設的職業。這一切都和我想像中的婚姻形式很不一樣。但是，我仍舊發自內心覺得幸福。

因為丈夫會幫忙下廚，所以我有了更多時間可以做自己喜歡的工作。因此，我可以舉辦各種活動，也可以增加收入。我發現只要兩人同心協力，無論在什麼情況下，也都能笑著度過難關。

「因為有孩子，所以我不能離婚」、「都這把年紀了，不好換工作」、「當了媽媽之後就必須辭職在家帶小孩」。

社會上存在著許多「應該這樣」、「不能那樣」，但這個世界並沒有絕對。

我也不會做飯，
但是我結婚啦！
尋找例外

世界上沒有絕對

如果問問周遭的朋友，或是多看看不同人的社群媒體，你會發現幸福的形式其實是多采多姿、且豐富多樣的。

不必強迫自己去迎合他人決定的幸福。懷疑成見，尋找例外吧！

筆記本上要寫什麼？

①寫出觀點或偏見，例如「都是因為○○才不能××」。

②找出不符合這種觀點的人（例外）並寫下來。

無法自己做決定的人＝沒有魅力的人

「我正在考慮要和誰交往。占卜師說性格豪邁的A比較好，婚活顧問則推薦顧家的B，朋友說『不交往也無所謂吧？』網路上則是建議找不會出軌的人。我到底該怎麼做才好呢？」

諮詢了各式各樣的對象以後，發現聽取太多意見反而令人更加苦惱，這樣的情況很常見，對吧？甚至有些人無論做什麼都得靠占卜才能決定。

明明是自己的事，卻不自己做決定。

試著想像一下。如果你的男友是這種人，你會怎麼想呢？

「星期天約會？我先問一下我媽我能不能去」、「過夜？唔～那我可能要先徵求我媽的同意耶～」要是對方說了這種話，你應該很想「謝絕往來」吧？

沒錯，沒有判斷力的人是沒有「魅力」的。

聽取他人的意見固然是好事，但那只是一種看法，並非絕對的事實。

況且，如果沒有那個人的建議就無法

不知所措！
占卜師
朋友
手機
自己一個人
無法做決定！

迷失狀態

做出決定的人生……真的稱得上是幸福嗎？我認為這樣的人生是相當枯燥乏味的。如果對方重視你，一定就更加不願意看見那樣的局面。

媽～～
我可能要問一下
我媽媽耶。
如果對方這麼說…
什麼？
我才想
謝絕往來吧。
你不會這麼覺得嗎？

沒有判斷力＝沒有魅力

想自己做決定，就得先「拋棄」

判斷力就像肌肉一樣，如果不使用的話，便會漸漸衰弱。為了防止這種情況發生，現在就開始培養判斷力吧！

首先要做的事，就是「拋棄」。

導致判斷力下滑的根本原因是包袱太多，因為顧慮太多而做不出選擇。

請環顧身邊的一切，並問問自己：「這些真的是必要的嗎？」

只要冷靜思考就會發現，不管是物品，甚至是行程表或人際關係，其實都有很多可以捨棄的存在。在整理這些東西時，你就可以練習提升自己的判斷力。

筆記本上要寫什麼？

①寫出現在擁有的所有東西，不管是物品、行程或人際關係都寫下來。

②先問問自己「這個東西真的有必要留下嗎？」，把不需要的東西打上×。

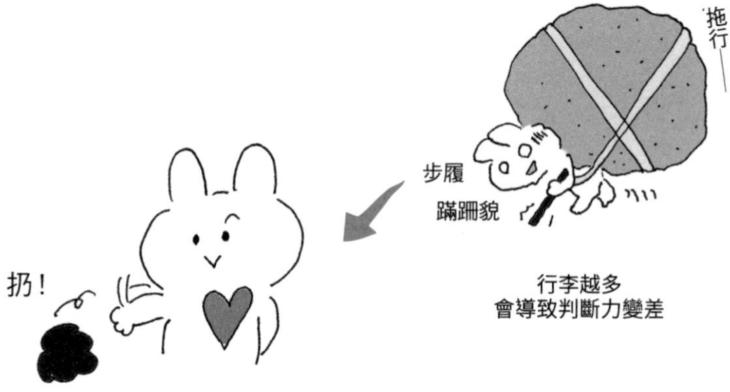
拖行——
步履
蹣跚貌
行李越多
會導致判斷力變差
扔！

首先要做的事就是「拋棄」

學會拋棄為什麼很重要呢？因為如果不放手，就無法得到新事物。

「破壞→創造→成熟」是能量的法則。

因此，首先要做的是「破壞」。這麼一來，才能夠激發「創造」。

就像呼吸一樣，要先吐氣才能吸氣。在呼氣之前就先吸氣，只會讓你感到難受，根本吸不太到氧氣（有空請務必試試）。

人類也像手機一樣，是有容量限制的。刪掉龐大數據就能讓手機運作起

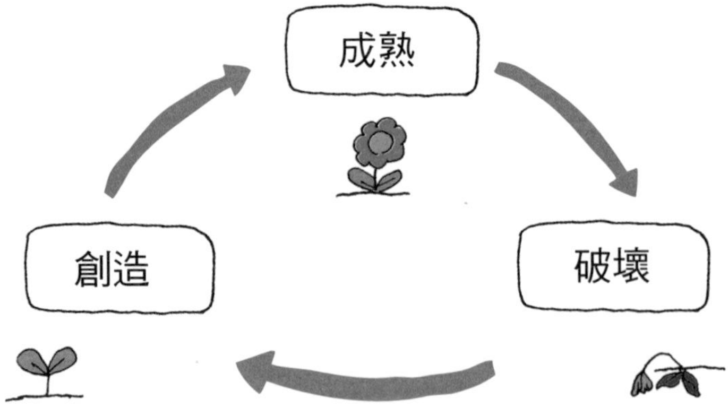

能量守恆定律

來更順暢，透過「拋棄」，也能隨之改變你的生活喔！

相繫的緣分就是會相連

「一想到也許扔掉的東西是真正需要的，就捨不得丟。」

別擔心。如果之後又需要時，到時候再買就可以了。況且，所謂「也許有一天會用到」的東西，就代表你可能沒有好好珍惜它。

說到底，你想珍惜自己擁有的所有東西，幾乎是不可能的。要這麼做，你必須花時間一件、一件保養。

真正能夠珍惜可貴事物的人，是「懂得拋棄的人」。確定對自己真正重要的東西，並思考如何好好珍惜。

此外，我認為「相繫的緣分，不管怎麼抗拒，都還是會相連」。

無論是人還是物品，只要是真正需要的，就算放手也一樣會回到身邊。

所以，你不需要通通揣在懷裡。如果你不顧自己的真心，硬要緊緊抓住的話，就會變成強求的「利益取向」，難得的緣分也會消失。

當我這麼說之後，經常有人問我：「該怎麼知道這是真正的緣分？」沒有人能夠證明這一點。接近、離別、重逢、消逝……**誰也不能操控緣分**。

相信緣分
・相繫的緣分
不管怎麼反抗
都會相連在一起。
・不行的東西
就是真的不行。

因緣法則

既然如此，你更要珍惜自己，好好磨練自己，讓人產生「我被這個能量點所吸引」的想法。我認為相信緣分，並讓自己「隨時準備好迎接緣分」是很重要的。

不要糾纏不放，而是要成為他人願意主動接近的人！

先改變自己，對方也會隨之改變

「為什麼他總是對我不理不睬」、「為什麼他這麼壞心眼」、「為什麼我沒有錢」……雖然煩惱有各式各樣的內容，但共通點就是都與「人」有關。邂逅、金錢、工作、機會，帶來這些的都是人。到頭來，煩惱的根源就是「人」。

我們總是執著於「如果他願意這麼做」、「如果他願意改變」；但是，無論你多麼想改變對方，仍然無法操縱人心。

那麼，該怎麼辦呢？**想要對方有所改變，首先要改變的是自己！**

有句話說「人與人相處就像一面鏡子」，一旦你先做出改變，對方也會跟著改變。正因為如此，我才會反覆強調**「把專注力放在自己身上」**。

或許有人會覺得矛盾，但在伴侶關係中，這種變化尤其顯著。

自從持續在筆記本上寫下感謝自己的話之後，對方也開始會向自己道謝了。如果自己產生改變，對方也會像蹺蹺板的另一端一樣產生變化。

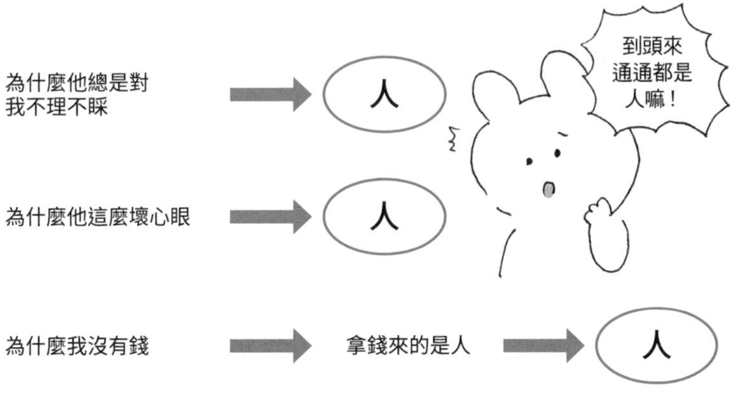
到頭來
通通都是
人嘛！
為什麼他總是對
我不理不睬
人
為什麼他這麼壞心眼
人
為什麼我沒有錢
拿錢來的是人
人

每一種煩惱中，都有「人」

只不過對方改變的方向，不一定能符合你的期望。

比方說，他不好好珍惜你，於是你決定開始珍惜自己。

這麼做的結果，可能會讓他也開始珍惜你，但也有可能，你在過程中意識到對方不是你想共度未來的人（發現如果是其他對象則會更加珍惜你）。

當下或許會帶來很大的打擊，但毫無疑問的，你也離自己真正的幸福更進一步了。

也就是說，**越是被人牽著鼻子走的時候，越是要回歸到自己身上！**

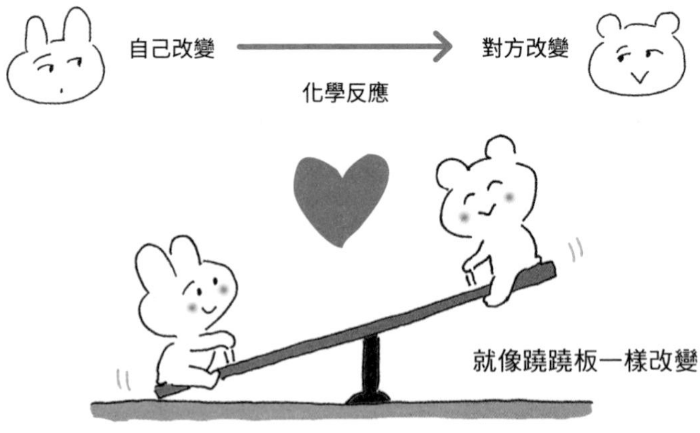
自己改變
對方改變
化學反應
就像蹺蹺板一樣改變

對方是鏡子

對方和自己，兩者都很重要

當做某件事的目的大部分是「為了別人」，或只是「為了自己」，不管何者，都會破壞平衡。一旦偏向某一方，必定會發生問題。

尤其過於重視他人的人往往會將對方放在第一位，最後讓自己身心俱疲。為了改變現況，有時也要「逆向」而行！

每天都在努力當乖孩子的你，偶爾可以試著叛逆一點。相反的，平時完全

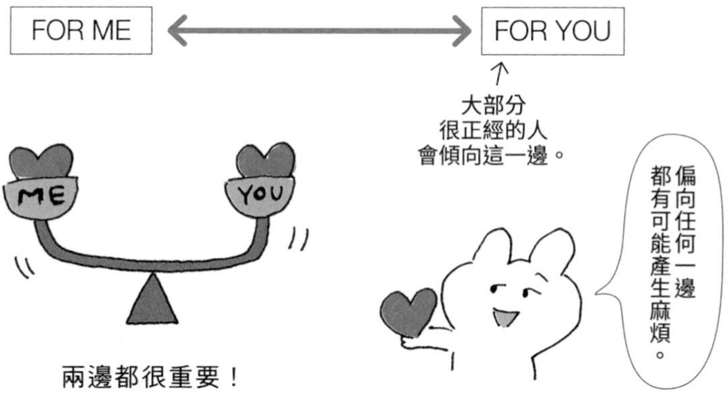
FOR ME
FOR YOU
大部分
很正經的人
會傾向這一邊。
ME
YOU
偏向任何一邊
都有可能產生麻煩。
兩邊都很重要！

關鍵是平衡

不體貼的人，則可以好好觀察對方。

了解自己是哪一種人，嘗試補齊自己缺乏的部分。

當我這麼說的時候，總會有人擔心「珍惜自己，不會被說是任性嗎？」真正任性的人根本才不會這麼想呢，光是有這種疑問就完全不用擔心（笑）。**希望大家不要客氣，繼續珍惜自己。**

但是，千萬別忘了，「對方也是他的世界的主角」。

無論你有多麼愛他，試圖控制對方就是不對的。基於自己的原因束縛對

對方也是他的世界的主角

方、想盡辦法讓對方只看自己、向對方強求愛意，都是不行的。

對方也有自己的人生，和你一樣，過著充滿煩惱和掙扎的生活。能留意到這一點也是一種愛。

如果自己的「心態」有所改變，「行為」就會發生變化，而「行為」發生變化，與對方的「互動方式」也會跟著改變。

尤其是和不同性別的人相處時，請一律把他們當成「外星人」。

雙方有不同立場是很正常的，試著去理解有差異的部分，抱持著「我知道這對你來說很重要」的態度，對方就會覺得：「他是唯一這麼了解我的人，我得對他更好一點才行。」因此加深了感情。

只要先付出愛，你也會接收到愛。不光是戀愛而已，人們也會自然而然接近充滿愛的人。

煩惱是為了成長而存在的牆

不能煩惱，不想煩惱，得快點擺脫煩惱！

相信有很多人一味認為「煩惱＝壞事」，我則建議大家稍微改變一下觀點。

其實，當煩惱出現時，那堵牆就是「成長的信號」！

雖然現在已經被稱作「當紅部落客」，但在我持續寫部落格的過程中，有段時間碰到了很多障礙，且不停撞牆。

不過，我並沒有就此停止寫作。我認為這是成長的信號，並思考能採取什麼對策。

- 插圖畫得像外行人↓也許反而更顯眼↓凸顯出插圖的特色，打造獨創性吧。
- 影片沒有流量↓在拍照手法上多下功夫↓在IG和Twitter上也多花一些心思。

正因為做了這些努力，才有現在的我。現在回想起來，我很慶幸當時的自己曾經苦惱過。

那堵牆就是成長的信號

無論什麼事，只要想往前邁進，就一定會碰壁。

例如，在「擺脫單身之壁」的第一階段，要註冊交友軟體時，可能會產生各種不安：「被熟人發現會很尷尬」、「要是遇到奇怪的人怎麼辦」等等。

即便克服這些障礙到達第二階段，想聯繫感興趣的對象時，又會產生新的煩惱：「要傳什麼訊息才好」、「會給對方添麻煩嗎」、「要是聊到一半被已讀不回怎麼辦」。

走到見面這個階段，又開始苦惱：

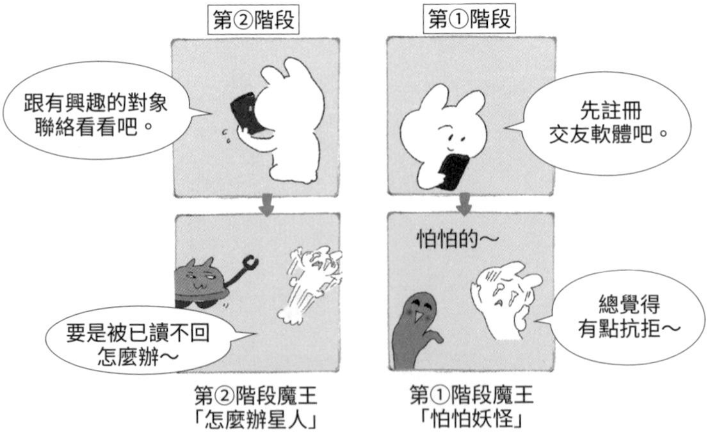
第①階段
先註冊交友軟體吧。
怕怕的～
總覺得有點抗拒～
第①階段魔王「怕怕妖怪」
第②階段
跟有興趣的對象聯絡看看吧。
要是被已讀不回怎麼辦～
第②階段魔王「怎麼辦星人」

例：擺脫單身之牆 I

「本人跟照片長得不一樣，搞不好會讓對方失望」、「或許沒有下次了」。

到了第四階段，氣氛還不錯的時候，又開始納悶：「他為什麼不跟我告白？」、「我約他的次數好像比較多？」、「朋友從約會對象那裡收到禮物，但我沒有。」

像這樣，無論走到哪個階段都會碰到一堵牆。只要繼續前進，就會冒出新的煩惱。

第③階段
跟有興趣的對象見面看看吧。
我比照片還醜還胖。
第③階段魔王「沒自信魔人」
第④階段
想和喜歡的人交往。
為什麼他還不跟我告白!?
第④階段魔王「自尊心巨人」

例：擺脫單身之牆 II

寫在筆記本上，思考障礙的「攻略方法」

如果因為撞到一面牆就停下來的話，那就什麼也得不到了。

重要的是，先「觸碰」。

使用自我對話筆記本將煩惱言語化，並嘗試了解這是什麼樣的障礙。

筆記本上要寫什麼？

① 把你現在感覺到的那一堵牆寫下來。

② 提出如何克服的各種想法。

摸摸看，如果覺得現在克服不了，就在這裡稍作休息。希望大家不要在伸手之前就先放棄了，因為可能性往往就在深處。

實際寫出來後會發現，本來以為永遠無法翻越的牆，其實也不是什麼特別難跨越的障礙。雖然會很辛苦，但覺

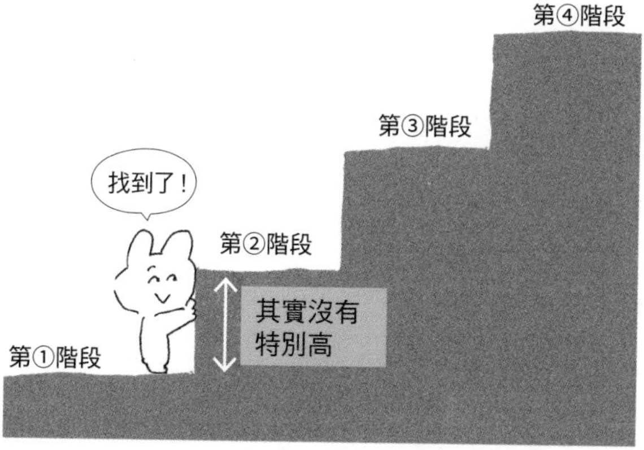
第④階段
第③階段
找到了！
第②階段
其實沒有
特別高
第①階段

碰到障礙只需要一道一道翻過去

得勉強一下、努力一把就能克服。

只要知道了這一點，就會想到：「或許可以試試這種方法」，而攻略方法也會接二連三地湧現。

不斷重複克服障礙的過程，會讓我們有所成長。

當你跨越了高牆，一定有個嶄新的世界在等著你。我自己也是這種情況，而我見過的所有人也都是這樣。

身處多元化時代，要成為「可以自己做決定的人」

現今這個時代，世界正在發生巨大的變化。

只要一支手機就可以做很多事，不但可以擴展興趣的範圍，甚至能在社群媒體上創造出新的工作機會。

再加上疫情，也徹底改變了人們的價值觀。

企業的工作形式重新受到審視，遠距工作變得司空見慣。而在私生活方面，結婚和離婚的現象都有所增加。

可以說，對每個人來說，真正需要和不需要的東西，都變得十分明確。

伴侶關係也變得更加多元，比起傳統價值觀，大家更重視「想和重要的人一起生活」的心情。

從這方面來說，「必須是這樣」的觀念也正在逐漸崩毀。

在過去時代，曾經認為女性的幸福就是二十歲出頭時與在大企業工作的男性結婚，辭掉工作，生小孩，照顧家庭；但現在二十幾歲就步入婚姻的人

我喜歡
YouTuber
興趣多元
LGBTQ
遠距工作
工作形式也很自由

多元化的時代

變少了，而即便在大企業裡工作也不能保證一生的穩定。

YouTuber這種靠自己經營的職業也大舉出現成功人士，比起穩定的收入，從事自己喜歡的工作並且賺錢，成為了人們嚮往的生活方式。

「人生的勝負」這種概念逐漸消失，「幸福」的定義也發生了巨大的變化。

「幸福就該是這樣」的時代，已經結束了。

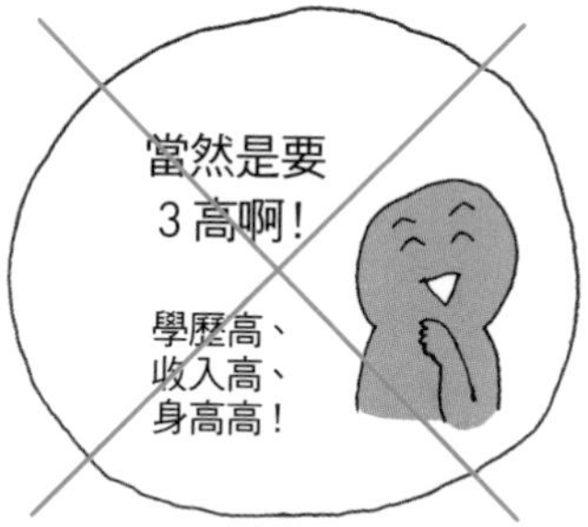

幸福的婚姻

人生勝利組

「應該要這樣」的觀念正在漸漸崩毀

「不存在自我」的人會隨波逐流

未來，人們的生活方式只會越來越多樣化吧。

雖然這本身是一件好事，但對於沒有「自我」的人來說，或許是難以生存的開始。

我在第169頁中以一個無法自己決定交往對象的人為例，如果他完全沒有主見的話，會更容易被搞得暈頭轉向。

占卜師、婚活顧問、朋友、網路論

和大家討論理想的結婚對象……
朋 友
不結婚
也無所謂吧？
占卜師
建議
性格豪邁的A
不會出軌的人
網 友
建議顧家的B
婚活顧問

沒有主見的人會被牽着鼻子走

壇。雖然這些建議都是真心誠意，但每個人的意見都不一樣。到底該選哪一個好呢？

即使你有很多選擇，如果不能自己做出決定的話，也只會更加痛苦而已。

活在「自我軸心」上的人會更加富足

我認為，今後無論是金錢或人脈，都會聚集在「有自我的人」身上。多了更多選項之後，選擇的標準已經從「對的事物」變成「對的人」。

就像有時候購買某樣商品，並不是因為製造商是知名企業，而是因為看到受歡迎的網紅推薦。換句話說，我認為現在是一個「有魅力的個人」才能吸引粉絲的時代。

重視自己的心情，盡情做自己喜歡的事，這樣的人看起來非常耀眼。

即便年齡增長，給人的感覺一樣年輕有光采。因為不會給自己壓力，所以也不會想去控制其他人。

我身邊也有非常享受愛情與工作的五十多歲單親媽媽，我認為能活出自我風格的人，真的會在情場、職場兩得意呢。

相反的，如果和一個不適合的人在一起，或是做自己不想做的事情，你的魅力就會逐漸消失。

無論是過去，還是未來，**你都會是受到愛戴的**。不要複製「某個人的人生」，大大方方地走出「你自己的人生」吧！

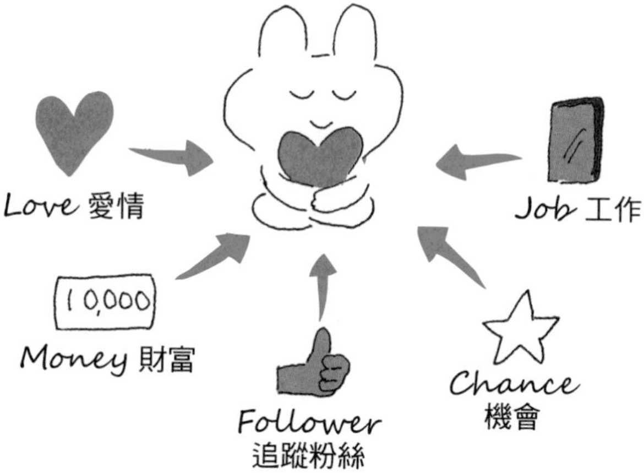

自我軸心是富足的源泉

你就是這個世界的主角

我想看到這一頁的讀者應該都已經發現了。

這個世界的主角，就是「你」。

你人生的主角既不是另一半，不是父母，不是朋友，也不是占卜師，而是你自己。

當然，有時候別人的建議也是很有幫助的。

但不順遂的時候呢？

就算你失敗了，那個人也不會負起責任，而埋怨對方也不會讓情況好轉。

所以你不必被人們的意見左右！

想走的路可以自己選擇。自己的世界只有你自己能開創。

從現在開始，靠自己做出選擇吧。然後，把每天發生的事情轉化成自己的禮物（學習和收穫），並收下你的「幸福」吧。

你就是這個世界的主角

筆記本上要寫什麼？

回顧這一天，尋找禮物並寫下來。

這麼認真面對自己的你，即將開始好好地活出自己的人生。

所以，請相信自己。從今以後就是「你的時代」了。

你並非孤軍奮戰，你有一位最可靠的盟友，也就是「你自己」。無論何時，他都在你的身邊守護著你，請不

從今以後就是你的時代

要忘記。

迷惘的時候，你可以再把這本書拿出來讀一讀，再進行一次自我對話。

你親手寫的自我對話筆記本就是你的人生指南，世界上只有一本。我相信這本筆記本在未來也會一直幫助你、引導你。

WORK ⑤
化煩惱為幸福的自我對話筆記

最後要介紹的是「化煩惱為幸福的自我對話筆記」。就像本書的書名一樣，這是我最珍惜的筆記。

①透過Diary，將「今天的自己」全部「可視化」。
②透過Gift，從今天的自己身上得到「收穫」。
③透過My Letter，認可自己，好好愛自己。

這三個步驟就是讓你喜歡上「今天的自己」的筆記術。如果你天天這麼做，哪怕是看見煩惱憂愁的自己也會覺得憐愛，然後就能將「煩惱」轉化成「幸福」。請一定要養成每天花5分鐘將煩惱寫成幸福的習慣！

WORK 5

（請參考左頁寫下文字）

① Diary	② Gift

③ My Letter

寫作範例

隨興寫下
今天一整天的
日記吧！

在日記中找出「學習」
或「想法」並寫下來。
學習，就是送給自己
的「禮物」！

WORK 5

① Diary	② Gift
早上下了雨，出乎意料地冷。 所以我提早結束散步回家了。 秋天到了呢。IG感覺不錯！ 一天之內增加了200名左右的 粉絲，好開心♡都快哭了！ 中午和丈夫阿熊一起去逛文具 店。我的目標是GET這個秋天 大流行的原子筆！一般100日元～ 1000日元左右的筆就很可愛了。 但展示櫃也有10000日元的筆。 我問店員：「有什麼差別嗎？」 對方回我：「差在價錢」（笑） 什麼一!! 我絕對不買!! 晚上頭痛了	① 諸行無常 季節依舊更迭。 無論多麼消沉都要 記得這一點。 ② 這位店員八成對 商品沒有熱忱吧。 熱忱 ≒ 愛 畢竟我也不會想購買 沒有愛的商品。 （同樣道理也可以用在） 戀愛上!!

③ My Letter

今天一整天也辛苦了!! 太棒了！很多人看
我的IG，真的很感激 ☺♡ 我很慶幸
自己一路堅持到現在！有在看的人都會
看得很清楚的！雖然文具店有點令人失望
但也讓我學到了一課（笑）頭痛好像發作了
好好休息吧。謝謝妳度過了美好的一天！

只要最後以「謝謝你今天也度過了美好的一天」結尾，傷心的日子也會讓人珍惜。把今天變成收穫滿滿的「最棒」的一天吧！

根據①、②的內容，
寫一封信給自己吧。
以「今天一整天也辛苦了」開頭，
就會寫得很流暢！

你就是個天生的能量點！
愛惜自己，磨練自己，相信緣分。
熱烈歡迎美好的人、事、物♡

•••來自作者 *Kankoro* 的加油•••

結語

和其他人比起來，覺得自己很沒用而沮喪；傷害了自己所愛的人，或是受到傷害；曾有過找不到正確答案而彷徨無措的日子；也有因為太難受、太痛苦而哭得像是世界末日一樣的日子。

……至今為止，真的有過太多煩惱、犯錯、落淚的夜晚。

但是，在閱讀這本書，並開始寫自我對話筆記本時，你應該也注意到了。

至今為止的一切，絕對不是徒勞無功。

正因為有過痛苦的回憶、有過犯錯的經歷，你才會產生「下次要小心」的想法。

正因為有過撕心裂肺的痛苦經歷，你才能成為富有同理心的溫柔的人。

正因為有過進退維谷的經歷，你才能想出方法，獲得足以翻越高牆的創造力和跳躍力。

你的自我對話筆記本，是比任何自我啟蒙書或任何偉人提倡的成功法則都還要珍貴的寶物。所以，不管前方有什麼在等待你都不必擔心。每件發生的事都有其意義。你並不會白白遭受這些折磨。

這麼想，是不是讓你的心情輕鬆一些了呢？

即使現在還看不出有什麼意義，也要將所有的經驗轉化成「禮物」，哪怕人生起起伏伏，也別忘了還有用自己的腳和智慧前進的力量。

改變是最大的禮物

此外，在寫自我對話筆記本的時候，我想你應該也有注意到一件事。那就是自己「生活在變化之中」。

俗話說「諸行無常」，這句話的意思是「世間萬物都在變化，沒有什麼是不變的。」

時針在前進，雲朵在流動。人也在動。沒錯，這個世界上的物質沒有一秒鐘的瞬間是相同的。

對我們來說也是一樣，即便傷心欲絕，認為「已經撐不下去了……」，悲傷的色彩和重量也會在第二天發生變化。明明當下非常絕望，但幾個月後就忘記了。又或者是失戀後覺得「不會再有第二個像他一樣好的人了」，但到了季節更迭的時候，已經和新戀人手牽著手……

春去夏來，秋冬四季流轉，你的心和圍繞你的環境總是不斷在變化。這可以說是我們的「最大優勢」。

無論處於什麼情況，我們都可以做出改變。這意味著即便毀壞了一個，也能重新創造出一個新的。

哪怕你再怎麼苦惱、艱難得彷彿度日如年，情況也一定會改變的！

我認為，「能夠改變」這個與生俱來的特質，是我們能將「煩惱」轉化成「幸福」的最大禮物。

自己是頭號盟友

今後，當你開始走向更幸福的道路時，肯定也會遇到新的障礙，產生不同的煩惱，或是感到迷惘。

有時候，你可能會體會到新的痛苦，甚至會想：「我果然還是很沒用」或

「我不想再活下去了」。

在這種情況下，請你唸出這一句話：「四肢健全，還在呼吸，光是這樣就一百分了！」

這是個無可否認的事實。正因為你已經準備好存在於這個世界上，所以這具身體才為了你而誕生。證據就是，如果你的身體受傷，就算流出血液也會停止，傷口開始結痂。就算你沒有特別要求，身體也會努力地治癒好自己。哪怕傷害你的人就是自己。

換句話說，你的細胞「全面肯定」你這個人。

無論犯了多少錯誤、再怎麼落魄、再怎麼否定自己，你的身體總是堅定地為你著想。

「我希望你活下去」、「我愛你」、「我會支持你」。

因為非常喜歡你，所以用治癒力和生命力不斷為你加油打氣。

從出生到死亡，「自己」一生都陪伴在你身邊，是獨一無二且無可替代的對象。當你感到孤單或提不起勇氣的時候，千萬不要忘記，「自己」這個頭號盟友隨時都在你身邊！

最後，一直支持我的各位粉絲，給我力量的線上沙龍成員，還有參與書籍製作的編輯清水靜子小姐，協助編輯的渡邊繪里奈小姐，經紀人遠藤優華子小姐。最重要的是，讀到這一頁的你。謹在此向各位致上我衷心的謝意。

希望有緣拿起這本書的你，未來都可以被「幸福」這個禮物擁抱著。

Kankoro

每天5分鐘！化煩惱為幸福的筆記術

悩みを幸せに変える my letter ノート

作　　者　Kankoro
圖片來源　Harupei（Instagram：https://www.instagram.com/harupeipei/?hl=ja）
譯　　者　林以庭

責任編輯　鄭世佳 Josephine Cheng
責任行銷　朱韻淑 Vina Ju
封面裝幀　Dinner Illustration
版面構成　黃靖芳 Jing Huang
手寫字協力　江文
校　　對　葉怡慧 Carol Yeh

發 行 人　林隆奮 Frank Lin
社　　長　蘇國林 Green Su

總 編 輯　葉怡慧 Carol Yeh
日文主編　許世璇 Kylie Hsu
行銷主任　朱韻淑 Vina Ju
業務處長　吳宗庭 Tim Wu
業務主任　蘇倍生 Benson Su
業務專員　鍾依娟 Irina Chung
業務秘書　陳曉琪 Angel Chen
　　　　　莊皓雯 Gia Chuang

發行公司　悅知文化
　　　　　精誠資訊股份有限公司
地　　址　105台北市松山區復興北路99號12樓
專　　線　(02) 2719-8811
傳　　真　(02) 2719-7980
網　　址　http：//www.delightpress.com.tw
客服信箱　cs@delightpress.com.tw
I S B N　978-986-510-242-5
建議售價　新台幣380元
首版一刷　2022年11月
首版二刷　2023年9月

國家圖書館出版品預行編目資料

每天5分鐘！化煩惱為幸福的筆記術／Kankoro著. 林以庭譯. -- 初版. -- 臺北市：悅知文化 精誠資訊股份有限公司,2022.11
224面；14.8×21公分
譯自：悩みを幸せに変える my letter ノート
ISBN 978-986-510-242-5 (平裝)
1.CST: 自我肯定 2.CST: 自覺 3.CST: 生活指導 4.CST: 筆記法

177.2　　111013845

建議分類｜心理勵志

Printed in Taiwan

悅知文化
Delight Press

線上讀者問卷 TAKE OUR ONLINE READER SURVEY

無論處於什麼情況，
我們都可以做出改變。
即便毀壞了一個，
也能重新創造出一個新的。

——————《每天5分鐘！化煩惱為幸福的筆記術》

請拿出手機掃描以下QRcode或輸入
以下網址，即可連結讀者問卷。
關於這本書的任何閱讀心得或建議，
歡迎與我們分享 ︶

https://bit.ly/3ioQ55B